正面管教

儿童沟通心理学

乔子清 著

中国致公出版社
China Zhigong Press

图书在版编目（ＣＩＰ）数据

正面管教．儿童沟通心理学／乔子清著．-- 北京：
中国致公出版社，2019
　　ISBN 978-7-5145-1531-2

　　Ⅰ.①正… Ⅱ.①乔… Ⅲ.① 儿童教育—家庭教育
②儿童心理学 Ⅳ.① G782②B844.1

　　中国版本图书馆 CIP 数据核字（2019）第 236408 号

正面管教．儿童沟通心理学

乔子清　著

出　　版	中国致公出版社	
	（北京市朝阳区八里庄西里 100 号住邦 2000 大厦 1 号楼西区 21 层）	
发　　行	中国致公出版社（010-66121708）	
责任编辑	周寅庆	
印　　刷	三河市华晨印务有限公司	
版　　次	2019 年 12 月第 1 版	
印　　次	2019 年 12 月第 1 次印刷	
开　　本	880mm×1230mm　1/32	
印　　张	8	
字　　数	173 千字	
书　　号	ISBN 978-7-5145-1531-2	
定　　价	42.00 元	

前言

　　在每一个家庭里，父母每天都在和自己的孩子沟通。希望通过沟通能够让孩子听话，能够让孩子与自己亲密无间。可实际上，却往往事与愿违。

　　随着孩子逐渐长大，父母们发现他们并不像之前那么听话，并且开始不愿意和父母交流。有时候，父母苦口婆心地和孩子讲道理，却被孩子当成是"耳旁风"；父母想要指出孩子的错误，指导孩子如何改正错误，可孩子内心早就不耐烦了；还有些时候，父母想要了解孩子的学习情况，或是情绪低落的原因，可孩子却不愿意向父母倾诉……

　　于是父母开始抱怨孩子不听话，不理解自己的苦心。不是火冒三丈，对孩子大加训斥，就是强迫孩子听自己的命令。

　　可父母是否有想过这样一个问题：孩子们为什么拒绝和自己沟通？

　　正如美国演说家马文·马歇尔所说的："当我们细心种下的花朵没有按我们想象的那样生长时，我们不会责怪花朵，而是会寻找为什么花儿没有长好的原因。可是当我们的孩子出现问题时，我们却总是责怪他们，而且夹杂着不满和唠叨。"

　　其实，亲子关系沟通不畅的原因，并不是因为孩子身上的问题越来越多，而是父母在日常生活中忽略了平等地对待孩子，并没有尝试真正了解孩子内心的想法。父母总是喜欢以家长的角度来思考问题，以说教的方式来处理问题。

更为关键的是，大部分的时间里，父母的关注点都在孩子的成绩、对错等行为上，没有静下心来与孩子进行情感的交流。因为父母与孩子的心灵是不相通的，导致亲子之间的沟通是低效的，甚至是无效的。

为了让广大父母学会如何与孩子更好地沟通，本书从心理学的角度出发，列举了亲子沟通过程中容易出现的问题、父母教育的误区、父母应该遵循的沟通原则，以及有效的沟通技巧等。目的是帮助父母有效地解决亲子沟通的难题，促使父母与孩子建立良好的亲子关系。

比如，亲子沟通应该以平等的爱为基础，不仅要放下家长的架子，更应该尝试着与孩子做朋友；

父母应该懂得读懂和倾听孩子的内心，给孩子足够的时间来倾诉自己的想法，从而真正理解孩子的内心；

父母应该端正自己的态度，采取正面教育的方式，避免打骂孩子、羞辱孩子，以及避免把自己的意愿强加给孩子；

同时，父母要注重与孩子进行情感和心灵的沟通，用自己的关爱、理解、信任来敲开孩子的心门……

事实证明，父母想要与孩子建立有效的沟通并不是一件简单的事情。因为它不光需要父母有爱，更要懂得尊重孩子、理解孩子，并且懂得与孩子沟通的技巧，遵循心理沟通的原则。那么，真正爱孩子的父母们，请开始寻找最适合自己孩子的沟通方式吧！

我们相信，只要你了解了孩子的心理特征，自然就可以得到孩子的信任和尊重，并使得亲子沟通更和谐、美好！

目录

上辑 与孩子沟通，光有爱还不够

第一章 一个核心：一切以平等的爱为基础 // 003

1. 完美沟通，从平等对待孩子开始 // 004

2. 放下家长架子，尊重你的孩子 // 007

3. 放低你的姿态，蹲下来听孩子讲话 // 010

4. 与孩子做朋友，主动向他们敞开心扉 // 013

5. 从心理上，百分百地接受孩子 // 016

6. 让孩子喜欢开口，愿意说话 // 019

7. 做父母的也要勇于向孩子认错 // 021

8. 把决定权适当还给孩子吧 // 024

第二章 两个必须点：读懂与听懂是有效沟通的前提 // 029

1. 男孩女孩心性不同，沟通不能一口同声 // 030

2. 读懂孩子的眼神，看透孩子的心 // 033

3. 发现孩子的小动作，了解他内心的小秘密 // 035

4. 少说多听，让孩子有倾诉的机会 // 038

5. 想要真正了解孩子，需主动提升倾听意识 // 041

6. 想做孩子的听众，就要给他足够的耐心 // 045

7. 听懂孩子的弦外之音，真正理解孩子的小心思 // 048

8. 孩子这是在说反话，你反应过来了吗？// 051

9. 倾听时，要认识并接纳孩子的情绪 // 053

第三章　三项基本原则：沟通最怕暴力、伤害与强迫 // 057

1. 不要让你板起的臭脸吓到孩子 // 058

2. 请你说话时对孩子温柔一点 // 060

3. 别把你的意愿，强加在孩子身上 // 063

4. 粗暴专制，孩子口服心也不会服 // 066

5. 交谈时，给予孩子和自己争辩的权利 // 069

6. 孩子的事情，尽量多和孩子商量 // 072

7. 允许孩子有想法，和孩子一起探讨交流 // 075

8. 就事论事，不要总是翻孩子的旧账 // 077

9. 千万别让你的话，毁了孩子的自尊心 // 080

第四章　四大决定性因素：端正态度，将正面管教落到实处 // 083

1. 控制自身情绪——别让怒火烧毁亲子关系 // 084

2. 打骂教育，既伤孩子又没实质效果 // 087

3. 就算孩子犟嘴，你也不能大发雷霆 // 090

4. 孩子最需要的，是爸爸妈妈的理解 // 093

5. 每一个孩子，都渴望父母的同情心 // 095

6. 孩子得到更多关注，他就会不断进步 // 098

7. 爸妈相互支持，协作是最好的家教 // 100

8. 与老人做好沟通，避免产生教育分歧 // 103

9. 倾听老师的意见，加固孩子的教育链 // 107

第五章　五层次贴心话术：润物无声中，提升陪伴品质 // 111

1. 获得夸奖是孩子最深切的渴望 // 112

2. 及时表扬孩子的每一个微小进步 // 114

3. 良药不苦口，孩子才接受 // 117

4. 指点孩子错误，不妨用一点暗示 // 120

5. 借助幽默，让孩子愉快地知错认错 // 123

6. 用温和的建议，取代霸道的指示 // 125

7. 别用空头支票，诱导孩子乖巧听话 // 128

下辑 遵守沟通心理法则，建立完美亲子关系

第六章　会问巧答，用最合适的话语敲开孩子的心门 // 135

1. 温柔地提问，孩子才肯真心地回答 // 136

2. 问题太多，极易激起孩子的排斥心理 // 139

3. 别用质疑性提问，咄咄逼人责怪孩子 // 141

4. 提问时增加选择项，尊重孩子的自主权 //144

5. 启发式提问，激发孩子的想象力 // 147

6. 面对一万个"为什么"，父母耐心不能垮 // 149

7. 对于孩子的性疑问，巧妙解释，不要一味掩饰 // 152

第七章　注重心灵交流，弹奏心与心之间的和谐音 // 157

1. 交流中，让孩子多谈谈对自己的感受 // 158

2. 给孩子讲道理时要动之以真情 // 161

3. 以关爱的态度，点拨孩子的错误 // 163

4. 增进亲子互动，在愉快互动中愉快沟通 // 167

5. 小小家庭会议，可使亲子沟通更彻底 // 169

6. 爱与规则，一个都不能少 // 172

7. 用贴心话拉近亲子间的距离 // 175

8. 以入心的交谈，帮助孩子抵抗不良诱惑 // 178

第八章　正向说教，语言羞辱是亲子沟通的离情钩 // 181

1. 使用羞辱性语言，是在向孩子撒毒药 // 182

2. 任何时候都不要给孩子偏见 // 184

3. 孩子再不好，也不能讥讽和嘲笑 // 187

4. 别在外人面前，对孩子说长道短 // 189

5. 别把那些负面标签贴在孩子身上 // 192

6. 爸妈唠唠叨叨，孩子怒火中烧 // 195

7. 别为了让孩子听话，而制造孩子的罪恶感 // 199

第九章　从孩子的角度，换位思考让亲子矛盾烟消云散 // 203

1. 你的想法不是孩子的想法，别硬塞给他 // 204

2. 你接纳了孩子的感受，孩子才会接纳你的意见 // 206

3. 当孩子表达感受，一定要及时做出积极回应 // 209

4. 你也会犯错误，引导孩子弥补而不是一味指责 // 212

5. 不是每个孩子都是天才，请放弃过高的期待 // 214

6. 你当年的遗憾，没有理由让孩子替你承担 // 216

7. 你知道保护自己的隐私，同样也要尊重孩子的隐私 // 219

8. 爱屋及乌，对孩子感兴趣的事物表达出你的兴趣 // 222

第十章　运用非语言沟通，为孩子创造温暖的心灵环境 // 225

1. 再忙，也要让孩子感受到你的陪伴 // 226

2. 进行亲子游戏，带领孩子在快乐中成长 // 229

3. 亲亲小脸蛋，爸爸妈妈好有爱 // 231

4. 抱抱小宝贝，温暖会加倍 // 233

5. 慈爱的微笑，孩子的阳光 // 235

6. 轻抚，是对孩子无声的爱 // 238

7. 拍拍孩子的肩膀，鼓舞尽在不言中 // 240

8. 最时尚的情感沟通——给孩子写爱的微信 // 242

上 辑

与孩子沟通，
光有爱还不够

第一章

一个核心：一切以平等的爱为基础

在父母眼中，孩子永远都是孩子，总有着不成熟、不独立、不稳重的表现。所以，在日常沟通中，父母总是习惯以高高在上的姿态来对待孩子，很少和孩子进行平等的对话。然而，孩子虽然小，在人格上却与父母是平等的，并且渴望得到真正平等的对待。

1. 完美沟通，从平等对待孩子开始

　　教育学家卢勤说："与孩子平视，这是所有从事儿童教育的人都应该遵循的原则。为人父母，想要被孩子接受，更应该找准自己的位置，蹲下来，听孩子说，了解他们的思想，知道他们要做什么。是不是应该总是居高临下地审视孩子，滔滔不绝地训斥孩子呢？"

　　没错，在亲子沟通中，最关键的因素就是平等。作为父母，只有平等地对待孩子，与孩子进行平等对话，才能与孩子建立完美的沟通。

　　然而，平等，并不是一句口号。它应该体现在日常生活中父母对孩子的尊重之上——父母不再把自己放在高高的位置上，也不再让孩子无条件地接受自己的管制，而是真真实实地把孩子放在与自己平等的位置上，把孩子当作是一个独立的个体。

　　所以，当父母的，应该学着尊重孩子，尽量尊重孩子的想法，并且让他们大胆地表达自己的想法。当孩子感觉到自己和父母是处于同等地位、父母尊重自己的想法的时候，他们就会更敢于和善于表达自己的想法，并且越来越尊重和信任父母。

小美终于放暑假了，为此感到万分地高兴。这时候，妈妈问她："宝贝，你想要度过一个怎样的暑假呢？"

小美想了想，说道："放假当然是好好放松了。上学的时候，我每天都感觉非常累，现在好不容易放假了，我一定好好玩几天！"

妈妈笑着说："那你就没有别的安排吗？"

小美说："当然有了！怎么能玩整整一个月呢？老师给我们留了作业，其他同学也报了暑假培训班，所以我也有了自己的安排。"

这时候，妈妈说："那你就好好安排一下吧！你可以用一张纸做个表格，好好安排自己的时间。等你安排好了之后，再告诉我报什么培训班。我给你准备报名费！"

小美高兴地说："妈妈，你是说我可以自己安排暑假时间？"

妈妈拉着她的手，微笑地说："当然，你已经长大了，自己可以安排自己的时间了！我相信你能做好的！"

小美高兴地给妈妈一个大大的拥抱。果然，小美把自己的暑假时间安排得很合理：有娱乐的时间，也有学习的时间，还和好朋友报了硬笔书法班。

小美妈妈是非常聪明的家长，她把孩子当成是一个独立而平等的个体来看待。她给予了孩子足够的尊重，没有一味地让孩子听自己的意见，并且给了她锻炼和思考的机会。同时，在沟通的过程中，小美妈妈积极地引导孩子说出自己的想法，给予了孩子足够的信任。相信，小美在这样教育方式的引导下，一定会变得越来越具有自主性和独立思考的能力，而她们母女的亲子关系也会越来越亲密。

然而，现实生活中，很少有父母能够做到如此，他们口口声声说尊重孩子，说自己把孩子当成是朋友，然而内心却存在着这样的想法："我是父母，孩子应该听我的""我的意见是对的，孩子不能反驳父母的意见"。

事实上，这样的父母并不了解，随着孩子年龄的增长和心理的成熟，他们需要的不仅仅是生活上的独立，而是思想上的独立。他们希望父母能够看到自己的成长，把自己放在一个平等的位置上。他们更希望自己能够与父母平起平坐，成为无话不说的朋友。如果父母做不到这一点，那么孩子就会出现严重的失落感和缺乏平等交流的压抑感，从而导致种种心理问题，比如叛逆、孤僻、自卑等等。

同时，如果孩子得不到平等的对待，无法和父母进行平等的对话，那么孩子就会觉得自己得到了不公平的待遇，从而与父母渐行渐远，导致亲子关系出现裂痕。

所以，父母们要明确地认识这一点：父母与孩子之间的距离并不仅仅是那几十厘米的身高距离，更是心与心的距离。而很多时候，造成这种距离的"罪魁祸首"就是父母对于孩子的态度。

所以，父母想要与孩子建立完美的沟通，就应该从平等对待孩子开始，尊重孩子的想法，并且允许和引导孩子说出自己的想法。

2. 放下家长架子，尊重你的孩子

一个周末的下午，爸爸正在书房看书，这时 4 岁的女儿彤彤跑了过来，噘着嘴说："爸爸，我要是妈妈就好了！"

爸爸不明白孩子为什么会说这样的话，便笑着问道："你的脑袋里总是有稀奇古怪的想法，和爸爸说说，你为什么会有这样的想法呢？"

彤彤说："妈妈要求我看书，可是她却在那里看电视。我也想看一会儿动画片，可是她却催着我说：'赶快去看书！小孩子不能总看电视！'我非常不服气地问她：'为什么妈妈能一直看电视，我却不能看自己喜欢的动画片？'她却说：'我是大人，你是小孩，小孩就应该听大人的！哪有那么多为什么！'"

爸爸听了孩子的话，微笑地安慰孩子。孩子继续说："妈妈每天都摆着大人的架子，让我干这个，又不让我干那个，还说我必须听她的。哎！我要是妈妈就好了，那么我就可以想看电视就看电视，想做什么事情就做什么事情了！"

虽然是童言无忌，但是彤彤的话却说出了所有孩子的心声，也道出了很多父母在亲子沟通方面的问题。

不可否认，很多父母与孩子进行沟通的时候，都喜欢端着家长的架子，保持着高高在上的姿态，好像这样才能显示出自己的威严，才能让孩子乖乖地服从自己的管教。

然而，父母没有意识到，孩子与父母之间的隔阂就是这样形成的。作为父母，你总是端着家长的架子，把自己凌驾于孩子之上，并且用命令的口吻和孩子说"你不许……""你必须……"一旦孩子"不听话"，就用家长的身份来压制孩子，"我是你爸爸，你必须听我的话""我是大人，我说了算！"

那么，孩子怎么能信服呢？又怎么能尊重你呢？

事实上，很多孩子会产生类似的想法：为什么我就必须听父母的？为什么我不能有自己的想法？难道就是因为他们是父母吗？难道就是因为他们比我大吗？一旦孩子产生了这样的想法，那么他们就会对父母的管教产生排斥心理，并且试图摆脱这样的管教。

要记住，如果孩子听你的话，是因为你是父母，是因为你人高马大和权威，那么你的教育就彻底失败了！

所以，作为父母，应该放下家长的架子，学会尊重孩子，而不是管制孩子；学会平等地对待孩子，而不是用身份压制孩子。如此，孩子才能自然而然地听话。

那么，父母应该如何放下家长的架子呢？具体来说，应该尝试着做到以下两个方面：

1. 消除权威意识，不给孩子压力

很多父母都有这样的想法：孩子是我生的，是我辛苦养大的，所以，孩子应该尊重我，并且完全听我的话，只有孩子听我的话，服从我的教导，我才能更有尊严和威严。

可是这样，父母在孩子面前就真的有尊严、威严吗？

当然不是！要知道，父母的尊严和威严并不是如此来的，而是通过尊重、关爱和宽容地对待孩子，让孩子从心底尊重、敬爱父母得来的。如果父母总是端着父母的架子，想要显示自己的权威，那么只会破坏自己在孩子心目中的形象。

正如德国心理学家黑尔加·吉尔特勒告诫所有父母的："如果您放弃权力，放弃您的优越感，那么您得到孩子的信任和尊敬的机会就更大。"

2. 不把自己的意志强加给孩子

在父母眼中，孩子永远是孩子，思想不太成熟、行为不太稳重，所以父母总是喜欢安排孩子的一切，甚至喜欢把自己的意志强加在孩子身上。

比如，孩子喜欢运动，可父母却以为孩子太淘气了，于是，他们强迫孩子安静下来，坐在书房中读书；孩子喜欢舞蹈，可父母觉得舞蹈不适合孩子，于是他们便强迫孩子学习他们看好的小提琴……

这些习惯强迫孩子的父母，总是喜欢说"我是为了你好""你听我的就对了"……可是，这样看似有道理却又强迫孩子的话，却足以隔断孩子与父母之间的良好沟通。因为这样的做法不仅没有尊重孩子的意愿，还促使孩子失去了独立自主性，只能被动地接受父母的安排。

总之，与孩子沟通，光有爱还远远不够。父母要懂得尊重孩子，放下家长架子，只有给予了孩子平等的爱，孩子才能愿意和父母沟通，并建立亲密无间的关系。

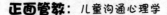

3. 放低你的姿态，蹲下来听孩子讲话

在澳大利亚留学的朋友说，澳大利亚的父母都是蹲下来和孩子说话的。一天，朋友被一位同学邀请到家里做客，这位同学还有一个可爱的妹妹。当大家准备吃晚餐的时候，4岁的妹妹因为一件小事闹起了情绪。

这时候，同学的妈妈蹲下来，对她说："你的事情我们晚饭后再解决好吗？今天家里来了客人，我们需要热情地招待客人。你这样闹情绪是不是很没有礼貌？"小女孩低头想了想，乖乖地点了点头，然后就安静地在客厅里玩了起来。

晚饭后，同学的妈妈并没有忘记对孩子的承诺，她把孩子叫到了一边，蹲下来询问她不高兴的原因。原来妹妹觉得妈妈因为招呼客人而忽略了她，心里感到有些失落。妈妈温柔地安慰她说："我们是主人，当然要以客人为主啊！你也是小主人，也可以带着客人参观我们的房间，分享你的一些玩具、书籍啊。那么，下面你应该怎么做呢？"

妹妹听了之后，立即高兴地领着朋友参观房间，还送了她自己珍贵的小王冠给朋友。

事后，朋友不禁感叹地说："我小时候父母很少蹲下来和我说话，一旦我在有客人来的时候闹情绪，那肯定就要挨一顿批评了。"

那位同学说："我小时候，父母就是这样和我说话的。而且，我们这里很多父母都是如此，因为孩子比较矮，父母蹲下来和他们说话，才能让孩子感到亲切感，才能让孩子感觉自己受到了重视。"

没错，很多父母在身高上优越于孩子，也习惯了保持高高在上的感觉，所以他们忘记了应该站在和孩子同等的位置来和孩子沟通，以至于拉开了与孩子之间的距离。当然，这距离不仅仅是身高上的，还有心理上、人格上的。

无数事实证明，父母如果以居高临下的姿态来和孩子交流，不管是形体上的，还是态度上的，都会导致与孩子之间关系越来越疏远，并且给亲子沟通造成巨大的障碍。

要知道，亲子沟通，最重要的就是平等和真诚。而蹲下来，和孩子处在同一个高度，不仅体现了父母对于孩子的亲切态度，更能让孩子意识到父母对自己的尊重。只有父母放低自己的姿态，蹲下来和孩子说话，孩子才能与父母进行真正意义上的平等交流，从而更有利于孩子从小培养独立自尊的性格。

瑞士教育学家斐斯泰洛奇就曾经说过："蹲下来和孩子说话，不但拉近了父母与孩子的物理距离，更拉近了与孩子的心理距离。它体现了父母对孩子的民主、平等的态度，以及对孩子的尊重，从而促使孩子更愿意听父母的教诲，接受父母的忠告。"

浩浩是一个顽皮的小孩，爱捉弄同学，喜欢与父母顶嘴，还经常给老师惹祸。面对孩子这样顽劣的行为，他的父母感到非常着急，于是时常喋喋不休地提醒他，或是大声严厉地批评他，有时实在压不住火了甚至把孩子打一顿。

一次，浩浩妈妈接到了老师的电话，说浩浩又和同学发生了矛盾，还因为发脾气打了同学。妈妈听后立即火冒三丈，决定好好教育这个小淘气。可是快进老师办公室的时候，浩浩妈妈突然想：以前我们也没少批评和打骂孩子，可是一点效果都没有，孩子反而越来越顽皮了。我这次是不是应该换一个态度，平静地和孩子好好交流一番。

于是，妈妈看到孩子委屈地站在一旁，便轻轻地走过去，蹲下来，温柔地说："浩浩，今天为什么和同学发生矛盾啊？虽然妈妈并不知道原因，但是打人就是错误的行为。小朋友间发生矛盾是正常的，动手打人可不是一个好习惯……"

浩浩听了妈妈的话，声音哽咽地说："妈妈，我错了。"

之后，浩浩妈妈改变了与孩子沟通的态度，总是蹲下来和孩子平静地沟通，而浩浩也因为妈妈的改变而开始正确地面对自己的问题，积极改正错误了。

在与孩子的沟通中，可以说，蹲下来是关键的一步。因为不管孩子犯错还是淘气，不管他是想要和父母倾诉还是向父母提意见，都希望父母能够公平、平等地对待自己。而如果父母总是习惯端着家长的威严，高高在上地和孩子说话，那么孩子就会觉得自己的想法被忽视了，自己的尊严被践踏了，从而产生不满和逆反的心理。

众所周知，只有两端一样高的时候，水才能来回地流动。如果一端过高、一端过低，那么水就只能往一个方向流了。亲子之间的沟通也是同样的道理，父母高高在上的话，那么沟通就成了父母一方的单方向教导，而孩子根本没有机会或是欲望来表达自己。这样一来，亲子沟通的天平就会倾斜，甚至是倾覆。

作为父母，教育孩子的目的不应该是一味地灌输自己的想法，压制孩子的想法，而是应该与孩子建立双向的、有效的沟通模式。所以，父母们应该放低自己的姿态，蹲下来，以平等的姿态和孩子说话。

4. 与孩子做朋友，主动向他们敞开心扉

著名作家周国平曾经说："与孩子做朋友，才是做父母最高的境界。所谓做孩子的朋友，就是不把孩子当成宠物和工具，而是把他看成是一个正在成形的独立的人格，不但要爱他疼他，而且还要给予足够的信任和尊重。凡是孩子自己的事情，父母既不能越俎代庖，也不能横加干涉，而是应该怀着爱心加以关注，以平等的态度和孩子商量。"

没错，父母和孩子之间的关系本应该是平等、美好的，父母把孩子当成是自己的朋友，倾听孩子的想法，尊重孩子的想法，并且努力搭建一条顺畅无阻的沟通桥梁。

当然，想要真正成为孩子的朋友，走进孩子的内心，父母不能只是倾听者，更应该成为主动的倾诉者。只有父母真诚地向孩子敞开心扉，和孩子分享自己的喜怒哀乐，让孩子了解自己的生活和工作，才能充分地得到孩子的认同，从而建立双向的沟通方式，促进亲子关系的发展。

可在中国，亲子沟通中却存在这样的现象：父母时常要求孩子向自己敞开心扉，他们自己却很少向孩子倾诉，表达自己的内心情感。而这种沟通方式是不平等的、单向的，自然也就使得亲子沟通出现了不和谐的音符。

赵静是一个活泼可爱、善解人意的女孩，和妈妈的关系非常亲密。每天放学的时候，她就会围着妈妈叽叽喳喳地讲个不停，讲学校的趣事，讲自己的学习情况：

"妈妈，今天学校发生了有趣的事情，我们正在做广播体操，一只猫竟然蹿到队伍中……"

"妈妈，××同学很讨厌，竟然给我们女生起外号……"

"妈妈，老师今天表扬我了！我数学考试得了第一名。"

可是，随着年龄的增长，赵静总是觉得和妈妈的关系好像缺少些什么。后来她发现，从来都是自己向妈妈倾诉，妈妈却从来没有和自己谈过心事。妈妈有什么苦恼从来不会和自己说，即便自己主动问了，妈妈也会用"没什么"来敷衍。

一天，赵静放学后，看到妈妈有些不高兴。于是，她就关心地问："妈妈，你怎么了？为什么不高兴？"

妈妈依然敷衍地说："没什么。你想吃什么饭，我给你去做？"

赵静又继续问道："妈妈，你就和我说说吧！你是不是遇到了困难，也许我能够给你出出主意呢？"

妈妈本来就有些情绪低落，听到孩子不停地追问，便没好气地说："你小孩子懂什么？我和你说有什么用？你不用管了，去做自己的功课吧！"

赵静感到非常委屈，气愤地说："我是好心关心你，你还这么说我！我不管你了，哼！"

这时候，妈妈才意识到自己的错误，她平复了自己的情绪，然后耐心地对孩子说："宝贝，妈妈不是对你发脾气，而是觉得大人的事情，你一个小孩子也不懂，和你说了也没用。为什么要增加你的烦恼呢？"

赵静说："不是这样的。或许我帮不上忙，但是您和我倾诉之后，最起码可以减轻烦恼啊！我之前不高兴的时候，只要和您倾诉了，心里就舒服多了，烦恼也少了很多。"

妈妈觉得孩子说的有道理，便笑着说："好的，我之后有什么心事会和你说的。我们做彼此的倾听大使！"

之后赵静的妈妈懂得了这一点，努力和孩子做朋友，并且主动向孩子倾诉心声，如此一来母女两人成为无话不说的朋友，关系更加亲密了。

其实，父母与孩子的情感交流应该相互的，父母不能一味地要求孩子向自己敞开心扉，却不肯向孩子说自己的心里话。

父母应该明白，当父母不愿意与孩子平等沟通，不愿意主动向孩子敞开心扉的时候，孩子就会产生这样的想法："你都不和我说心事，不相信我，我为什么还要和你说心事呢？"时间长了，孩子就会把快乐、痛苦、烦恼等情绪埋在心里，拒绝和父母倾诉和分享。

一旦孩子产生了这样的情绪，就会处于一种"感情阻滞"状态中，这样一来，他们不仅无法继续信任父母，长大了也不会轻易信任别人。而这时候，父母想要走进孩子的心，就变成了非常难的事情。

在日常生活中，父母应该主动说出自己的喜怒哀乐，包括工作的烦恼、辛苦，成功的体验，不满的情绪等等。在这个过程中，孩子会感觉父母是信任自己的，尊重自己的。他们认为父母把自己当成是大人了，把自己放在平等的位置了，所以才会和自己倾诉心事。这样一来，孩子会感到满足和骄傲，感到和父母的关系更亲密了，从而更愿意把自己的心事说给父母听。

因此，父母应该学会和孩子做朋友，主动向孩子敞开心扉，如此亲子之间才能互相了解，从而产生情感上、心灵上的共鸣。

5. 从心理上，百分百地接受孩子

现在每一位父母都希望自己的孩子成为最出色的一个，希望自己的孩子变得越来越优秀。正因为拥有这样的心理，很多父母总是觉得自己的孩子不够完美，觉得孩子身上有这样那样的缺点和不足。

这直接导致了很多父母喜欢否定自己的孩子，觉得孩子这也不好，那也不行。还导致了很多父母喜欢拿自己的孩子和别人家的孩子做比较，觉得自己的孩子没有其他孩子聪明、乖巧、成绩好……

于是这些父母总是不经意地流露出对别人家孩子的赞赏，

和对自己孩子的抱怨："你看看人家孩子，你再看看你自己，你怎么永远不如别人？""你看看邻居家小华，每次都考双百，你的成绩却这么糟糕！"……

可是，孩子真的那么差劲吗？当然不是！尽管有些孩子身上有些缺点，诸如淘气、行动慢、学习不认真等等，但是每个孩子都是最棒的。他们身上有与众不同的特点，也有别人不及的长处。

作为父母，不能只看到孩子身上的缺点，还应该主动发掘和肯定他的优点。否则，孩子就会因为父母的话语而变得越来越不自信，失去了进取心和自尊心。

一个男孩成绩不好，上课时喜欢捣乱，还时常不听老师的指令，这让老师和父母感到非常头疼。在连续留级两三次之后，父母对他忍无可忍了，于是把他送进了一所寄宿学校。

父母的这个做法，使孩子内心最后一点阳光也熄灭了。过去，这个男孩虽然喜欢捣乱，但是性格活泼，很爱自己的父母，平时也偶尔听父母的教诲。可到了寄宿学校，他感觉自己被抛弃了，所以变得更加肆无忌惮了——不认真听课，不喜欢做功课，还变得越来越沉默、孤僻。

幸好，孩子在这时遇到了一位老师，这位老师善于发现每个孩子的优点，尊重孩子的个性，更为关键的是他尊重每个孩子，并且从心理上百分百地接受每个孩子——不管是优点还是缺点。

这位老师通过仔细观察，发现男孩并不是故意不听课，而是因为他有阅读障碍，所以无法专注。而且，老师还发现这个孩子具有极高的绘画天赋。之后，他找到了孩子的父母，希望他们能够接纳和欣赏孩子，并且给予孩子足够的关爱和鼓励。

同时，老师积极地帮助这个孩子，教他学习绘画，教他如何克服阅读障碍。经过一段时间努力，男孩有了很大进步，不仅可以阅读了，还获得了全校美术大赛的第一名。

这个故事来源于印度著名影星阿米尔·汉自导自演的电影《地球上的星星》，它告诉我们每个孩子都是独一无二的，关键在于父母是否能够发现孩子的闪光点，并且从内心真正接纳孩子。

这个孩子之所以能够有所改变，并不是因为老师努力教授他学习，而是因为老师从心里接受了他，让他重新获得了自信和勇气。而之前孩子之所以和父母、老师作对，是因为感觉到他们对自己的排斥、否定。

所以，父母应该学会从心理上接受自己的孩子，尊重孩子的个性和天性。我们接受了孩子，就会真正爱孩子，欣赏孩子；接受了孩子的优点和缺点，就不会苛求孩子，指责孩子不够完美；接受了孩子的不完美，就不会拿孩子与其他孩子做比较，要求孩子做这个做那个。如此孩子才能成为最好的自己，并且更容易获得成功和快乐。

可以说，父母给予孩子的教育，并不是把孩子塑造成完美的小孩，而是学会接受孩子的所有，包括不完美和缺点。这样的爱，才是对孩子最好的爱，才是对孩子真正的尊重。

正如TFBOYS演唱的一首歌曲《不完美小孩》歌词中一样："全世界在催着我长大，你却总能捧我在手掌，为我遮挡未知的那些风浪。当我努力做个完美的小孩，满足所有人的期待，你却不讲你的愿望，怕增添我肩上重量。我不完美的梦，你陪着我想，不完美的勇气，你说更勇敢……这不完美的我，你总当作宝贝。你给我的爱也许不完美，但却最美。"

6. 让孩子喜欢开口，愿意说话

很多父母抱怨孩子性格内向，不爱说话，不愿意与父母交流。可是这些父母不知道，孩子并不是天生就不喜欢开口说话，天生就不愿意和父母交流的。他们之所以变成这样，与父母们不恰当的沟通方式是分不开的。

生活中，由于父母对孩子缺乏尊重，总是剥夺孩子说话的权利，使得孩子没有机会说话，或是不敢说出自己的想法，所以孩子们才养成了不爱说话、不愿意与父母交流的习惯。

在父母的眼中，佳佳就是一个性格内向、不喜欢开口说话的孩子。平时，她总是一个人安静地读书或是看电视，父母和他说话也爱理不理的。可是，在同学们眼中，佳佳却是性格开朗、善于沟通的人。

为什么佳佳偏偏不愿意和父母交流呢？为什么在父母面前和同学面前，佳佳会判若两人呢？

其实这与佳佳父母对待孩子的态度有很大关系。平日里，佳佳父母很少给孩子说话的机会，而且总是自作主张地替孩子说话。很多时候，佳佳想要表达自己的想法，父母却强行打断孩子的话，批评他说的不对，根本不让孩子把话说完。

还有的时候，孩子向父母倾诉自己的心事，或是讲述某些有趣、烦恼的事情，父母则嫌弃孩子说话太啰唆，总是不让孩子把话说完。

更让佳佳无奈的是，父母就连自己发声的机会都剥夺了。比如当别人问佳佳问题的时候，佳佳还没来得及回答，父母就替他回答了。

渐渐地，在父母的面前，佳佳越来越不爱说话，更不愿意和父母交流了。因为他觉得父母根本不尊重他，从来就没有给过自己说话的机会。所以，在父母眼中，佳佳变成了一个不爱说话、性格内向的孩子。

可与同学们相处就不同了，大家是平等的、公平的，每个人都有说出自己想法的权利和自由。讨论问题的时候，你可以说出你的想法，我也可以说出我的想法。虽然大家避免不了争论，但是谁也不会阻止谁说话，谁也不会自作主张地替别人说话。在这样的环境下，佳佳感到自由和平等，所以他更愿意和同学们交流，有时候还侃侃而谈。

总之，就是一句话，佳佳父母根本没有尊重自己的孩子，也没有真正了解自己的孩子，所以才错认为孩子内向、不爱说话。殊不知，孩子是因为内心极度不满，才不愿意和父母沟通和交流。

这个故事非常值得深省，所有的父母都应该以此为戒，千万不要犯佳佳父母那样的错误。作为父母，应该平等地对待孩子，把孩子当成是一个有思想、有独立能力的个体，不仅要尊重他们说话的权利，更应该积极鼓励他们把自己想说的话说出来。

　　小孩子难免因为表达能力不强，或是反应不太灵敏而说话慢，或是说话不利索，这时候，父母不要直接替孩子说话。因为这是非常自然的现象，随着孩子年龄的增长，这种状况自然就会有所改善。一旦父母不能耐心地倾听，着急地替孩子回答，那么就会让孩子产生自卑的心理，同时无法更好地锻炼语言表达和组织能力。

　　很多时候，小孩子喜欢和父母倾诉，滔滔不绝、叽叽喳喳的。这时候，父母也不要不耐烦，强行地打断孩子，而是应该学会认真地倾听，并且给孩子一定的回应。

　　同时，父母千万不要压制孩子的想法，指责孩子说话幼稚、什么也不懂。孩子的思维本来就没有大人那样成熟，说出的话难免有些幼稚，或是还会说出错话来。这个时候父母一旦压制了孩子的想法，或是因为孩子说错了话而嘲笑他，那么，孩子的自尊心就会受到严重伤害，变得唯唯诺诺。

　　正因为如此，不管到什么时候，一个称职的父母都不能打压孩子说话的欲望，不给孩子说话的机会。应该积极鼓励孩子说话，并且让孩子喜欢开口说话，如此，孩子才更愿意向父母敞开心扉。

7. 做父母的也要勇于向孩子认错

　　《爸爸去哪儿5》中，每个孩子都聪明可爱，可最令人印象深刻的一幕却是：

Jasper 走得非常慢，焦急的陈小春大声地吼着，想让孩子快一些。这时候，Jasper 用喇叭给予了淡定的回应："Can you stop angrying now？"而这时陈小春也意识到了自己错误，立即向孩子说了几句"Sorry"，并且在之后努力克制自己的情绪，改变对孩子的态度。

谁都会犯错，父母也不例外。犯错了，承认错误并积极改正，这是最简单的道理。可是，如果由于对象换成是孩子，父母就因为面子或是威严等原因而拒绝认错，那么就会让孩子无法做到信任和尊重父母，造成亲子关系真正意义上的疏远。

可以说，父母敢于主动认错，是孩子最大的财富，也是促使亲子沟通更和谐的关键一点。

小海和爸爸正在屋里看电视，爸爸让孩子到房间把窗户关上，小海也高高兴兴地去了。不久，房间突然传来"啪"的一声，爸爸赶紧跑过去一看，发现窗台上的一个花瓶掉到地上，摔得粉碎。

爸爸责备地说："你怎么这么不小心！让你干点儿活就惹祸！"

小海急忙辩解说："爸爸，不是我打碎的！是大风吹动了窗帘，才把花瓶刮到了地上！你……"

爸爸打断小海说："我也没有批评你！不小心就是不小心，怎么还怪风呢？做错事不要紧，可是撒谎就不行了！"

小海看到爸爸不听自己解释，还冤枉自己说谎，气愤地说："哼！我没有说谎，你爱信不信！"说完，就气呼呼地跑到自己房间里了，连爱看的电视都不看了。

事后，爸爸和邻居聊天，这才知道昨天真的刮起了大风，把邻居家晾在外面的鞋子都吹掉了。爸爸知道冤枉了孩子，便对孩子说："昨天的事情不是你的错，我冤枉你了！"但是碍于家长的面子，爸爸就没有好意思和小海道歉。

而小海呢？因为爸爸冤枉了自己却没道歉，而和爸爸冷战起来，不愿意和爸爸多说话了。以前父子两人经常一起看电视，小海也总是爱和爸爸说东说西。可这几天他却总是躲着爸爸，即便饭桌上和妈妈有说有笑，也不怎么愿意搭理爸爸。

爸爸觉得这样下去不行，便决定主动和小海道歉。一天晚饭后，爸爸主动找到小海，对孩子说："小海，那天是我错了，我没有弄清楚情况就批评你，还冤枉你说谎。现在我真诚地向你道歉！你能原谅爸爸吗？"

小海听了爸爸的话，眼里充满了泪水，说道："爸爸，那天我也有做得不好的地方，不应该和你怄气。如果我耐心地解释，你就不会误会我了！"

爸爸笑着说："现在，我们和解吧！"就这样，父子两人又恢复了往日的亲密关系。而小海爸爸也得到了教训，懂得向孩子认错的意义，之后只要是自己的错误就敢于向孩子承认。这样不仅拉近了与孩子之间的距离，还让孩子也学会了敢于认错、敢于承担。

向孩子认错，是非常简单而又容易的事情，只要勇敢地说一句"孩子，我错了"就可以了，但是具有非常重要的意义。

当父母明知道自己做错了，却不肯向孩子道歉的时候，孩子就会产生"既然父母都不认错，我又凭什么认错"的想法，从而拒绝承认自己的错误。时间长了，孩子就会对父母失去信心，对父母的教诲置之不理。相反，如果父母能够敢于向孩子承认错误，那么孩子就会认为承认错误并非可耻的事情，不仅会敢于认错改错，还可以提升分辨是非的能力。

同时，父母敢于向孩子认错，还可以拉近父母与孩子之间的距离，使得彼此产生一种亲密感。这也体现了父母真正平等地对待孩子，真正从内心尊重孩子的人格和尊严。

当然，父母在向孩子承认错误时，也要讲究方式方法的。尤其是面对年龄小的孩子，一定要告诉孩子为什么要向他认错，自己究竟做错了什么。否则这会让孩子错以为父母可以因为他闹情绪而无条件地妥协，从而混淆孩子的是非观，并且让孩子越来越胡搅蛮缠。

另外，父母在向孩子认错时，态度一定要诚恳，千万不能抱着敷衍的态度，随随便便说句"对不起"就算了。这种敷衍的态度不仅无法获得孩子的原谅，还会让孩子觉得父母虚伪、不值得信任。

8. 把决定权适当还给孩子吧

在很多父母眼中，孩子永远都是孩子，不管他们多大年龄，都永远是父母的孩子。所以，父母总是习惯为他们做决定，并要求他们按照自己的想法去做。如果孩子稍有反抗，父母就会采取强制的手段，不管孩子的内心是委屈还是不满。

于是，我们很可能看到这样的情形：父母总是对孩子提出很多要求，"你应该做……""你必须达到……"，结果孩子失去了自由和自主性，无法为自己做主，慢慢地失去了做决定的能力，或者只是表面上服从父母的决定，但却消极地做事情，甚至不做。

所以，父母千万不要直接为孩子做决定，或是直接命令孩子你应该做什么不应该做什么。想要让孩子积极地做事，父母就应该懂得给孩子提供建议，或是给孩子一些选择，让他们自己决定如何去做。

还有一段时间就是陈晨的生日了，这一天，她兴高采烈地对妈妈说："妈妈，生日的时候我想要一只米奇手表，我想要这个礼物很久了。"

陈晨的要求吓了妈妈一跳，因为米奇手表并不便宜，小孩子怎么能买这么贵重的礼物呢。但是，为了不让孩子失望，妈妈并没有直接拒绝孩子，而是对她说："这次考试，如果你能考全班第一，我就给你买这个礼物。"

陈晨一听急了，大声说："你知道我又不是学霸，怎么能考第一名！你就是不想给我买米奇手表，不买就不买，为什么要难为我？"

听了孩子抱怨的话，妈妈觉得自己的条件确实有些苛刻了，于是对孩子说："你先不要生气，妈妈确实没有考虑周到，有些难为你了。这样吧！我给你两个选择，只要你能达到其中之一，我就给你买那只手表！怎么样？"

陈晨高兴地说："那你说吧！究竟是什么选择？"

妈妈想了想说："第一，你要考入全班前十名，并且每天坚持阅读半个小时；第二，你的成绩要比上一次提升五名，每天按照时间计划学习，不能看电视或是玩游戏。"

陈晨想了想，说："以我现在的成绩，一下子考入前十名有些困难，我决定选择第二个。因为如果我努力的话，提升五个名次是没有问题的。妈妈，只要我能够做到这一点，你就必须答应我的要求。"

妈妈笑着说："当然，妈妈说话算数！"

从那以后，陈晨开始努力地学习，每天晚上按照时间计划学习，不再像以前那样三心二意。结果，考试成绩出来后，她足足提升了八个名次，数学、语文成绩都有了很大进步。

看到这样的结果，妈妈意识到：很多事情还是应该让孩子自己选择，把决定权交给孩子，如此孩子才能提高做事的兴趣和积极性，不用父母的督促就开始自觉行动起来。

正如著名心理学家皮亚杰说的那样："强迫工作是违反心理学原则的，而且一切有成效的活动，都必须以某种兴趣为先决条件。"教育孩子也是如此。强迫几乎对孩子没有任何效果，因为父母的强迫只会让孩子表面上服从，其实他们的内心是拒绝的，行动也是消极的。

就拿上面的例子来说，如果陈晨妈妈不顾孩子的实际情况和意愿，坚持让陈晨拿第一名才给她买米奇手表，那么不仅无法让孩子积极学习，还会让孩子觉得父母太不近人情，从而产生逆反的心理。

然而在现实生活中，很多孩子对于自己的生活没有决定权：时间不能自己做主，因为父母已经把学习时间安排得满满的；做事不能自己做主，因为父母觉得他还不懂事，没有办事经验，所以凡事为他决定了；衣食住行也不能自己做主，因为父母会打着为他们好的借口，强迫他们必须穿什么、必须吃什么……

　　这样的生活让这些孩子失去了自主支配自己的权利，更失去了对父母的爱和尊重。试想，谁愿意生活在别人的掌控之中呢？

　　所以，如果父母们真的爱自己的孩子，就应该把决定权还给孩子，让孩子决定自己应该做什么，如何去做。

第二章

两个必须点：
读懂与听懂是有效沟通的前提

亲子沟通的前提是什么？

那就是读懂和听懂。父母想要与孩子建立有效的沟通，就不要以自我为中心，而是应该注意关注孩子的一言一行，读懂孩子的肢体动作和内心情感，并且主动提升倾听意识，成为孩子最忠实的听众。

1. 男孩女孩心性不同，沟通不能一口同声

男孩和女孩，不论是性格、思维方式，还是心理，都存在着极大的区别。同样一件事情，男孩和女孩的想法和处理方式肯定不一样，比如和同学发生了矛盾，男孩可能会直截了当地表达自己的不满，和对方争论对质，甚至通过动手来解决问题；而女孩则想得比较多，会考虑对方是不是对自己有意见，会考虑自己是不是做错了，还会想这件事情会不会影响两人的友情……总之，她们的内心活动比较多，情绪波动也比较大。

同时，男孩和女孩的表达方式也存在着差异，男孩比较内敛、稳重，不善于和父母倾诉心声；而女孩则正好相反，她们总是有很多话和父母说，说自己在学校遇到的趣事，说自己的委屈，说自己的朋友……

比如说，父母问孩子们："今天你在学校过得怎么样啊？"男孩可能会说："不错！""还可以吧！"而女孩子则会滔滔不绝地说："我今天很高兴！因为老师表扬了我，我帮助同学辅导了作业。她是我的同桌，也是我的好朋友……"或是"我今天有些不高兴！因为……"

从表面上来看，这是语言表达能力的区别，实际上是性别和生理而导致的大脑发育的区别。因为大脑的构造不同，男孩

和女孩想问题的方式也不同，男孩更简单、直接，而女孩则更敏感，情绪更容易受到影响。

正因为如此，作为父母，应该学会了解孩子，根据男孩和女孩的心性来采取不同的沟通方式，以便能够和孩子建立良好的沟通。

朋友家有两个可爱的孩子，哥哥9岁，妹妹7岁。在别人看来，朋友把两个孩子教育得都非常好，聪明懂事，学习不错，而且还非常有爱。可只有朋友知道，自己和孩子关系良好，并不是因为花费了太多的心思和时间，而是掌握了和孩子沟通的技巧。

哥哥比较独立，有自己的主见，而且因为是男孩，所以很少和父母倾诉自己的内心想法。当他有心事的时候，不会主动找父母倾诉，而是习惯靠自己的努力来解决。平时遇到情绪低落的时候，朋友询问他缘由，他也只说这几句话，"没什么！""我自己能解决！""不想说了！"……

朋友知道，这样的沟通很容易让自己失去和儿子谈心的机会。于是她尽量给孩子独立空间，学会对孩子放手。同时，她积极地调整自己的沟通方式，当孩子做错事情的时候，她会给予他严格的教育，让他知道自己错在哪里，然后让他主动改正错误；当孩子情绪不好的时候，她会给予理解和安慰，而不是逼问孩子发生了什么。很多时候，她会让丈夫和哥哥沟通，多鼓励哥哥。因为男孩子总是更信任父亲，把他当成是最好的倾诉对象。

而妹妹的心思比较柔软，爱和妈妈撒娇，喜欢和妈妈说心里话。所以，朋友总是倾听孩子的述说，时常和孩子谈心。虽然妹妹年龄比较小，但是她努力当孩子的朋友，注意和孩子心与心的交流。

当孩子兴高采烈地述说学校发生的事情时，她总是耐心地倾听，还分享自己小时候的趣事；当孩子伤心的时候，她总是温暖地安慰，给予孩子同情和理解。当然，女孩也有淘气的时候，但是她绝不会粗暴地制止，因为她知道女孩是非常敏感的，过于严厉的教育会让孩子无所适从，变得越来越胆小。

正是因为朋友针对男孩和女孩采取了不同的沟通方式，所以两个孩子才能够健康地成长，他们的家庭也变得越来越幸福快乐。

那么作为父母，应该如何选择男孩和女孩的教育方式呢？

1. 与男孩沟通，要学会放手

与男孩子沟通，父母不能做高高在上的"独裁者"，更不能做事事包办的"服务者"，而是应该给予孩子足够的空间，让他们有独立自主的能力。当父母做关于孩子的决定时，要考虑孩子的感受，并征求孩子的意见，尽量和孩子商量。

父母还应该给予孩子充分的信任，让他为自己的事情负责，把孩子培养成一个有担当的小男子汉。

同时，对于男孩子，简单粗暴的打骂是最应该避免的。父母应该给予孩子正面的鼓励，否则孩子会变得越来越叛逆。

2. 与女孩沟通，不要太严厉

女孩的心思细腻，情绪比较敏感，所以在与女孩沟通的时候，父母千万不要太严厉，更不要时常训斥她们。在训斥中长大的女孩，会变得胆小、懦弱、自主能力差，而且具有严重的依赖性。

女孩的成长不仅需要关爱和保护，也需要父母多给予她们勇气和胆量。所以，父母不要带着情绪去呵斥和指责孩子，更不能对孩子进行打骂。

不管是男孩还是女孩，父母都应该好好地与孩子沟通，而前提就是好好地了解孩子，知道孩子心里想什么，知道孩子内心最需要什么。

2. 读懂孩子的眼神，看透孩子的心

眼睛是心灵的窗户，眼神则是孩子心灵语言的传达工具。父母想要了解孩子，读懂孩子的心，就应该仔细地发现孩子眼神所传达的信息。这是因为孩子的表达能力有所欠缺，很多时候不能直接表达内心的想法，而此时，孩子眼神所流露出的细微感情要比任何语言都更加准确。

可惜的是，在和孩子沟通的过程中，很多父母根本没有意识到和孩子进行眼神沟通的重要性。他们和孩子沟通时，总是习惯心不在焉，不是看手机就是看电视，头都懒得抬一下。这样的沟通方式，父母怎么能知晓孩子的内心情感呢？父母连和孩子眼神交流都没有，孩子又如何主动说出心中所想呢？

小立是个害羞胆小的孩子，有时候不敢和父母说出自己的想法，因为担心受到责备和批评。

一次小立和爸爸一起爬山，爸爸只顾着自己在前面爬，忽视了体力不太好的小立。小立虽然感觉很累，但是怕被爸爸落下，还是加紧了步伐，紧紧地跟在爸爸后面。

之后，他们遇到了一条小沟，爸爸很轻松地就跳过去了。可这条小沟对于8岁的孩子来说，确实有点宽，胆小的小立犹豫了很久也不敢尝试。只听爸爸在那边着急地催促，说："你是男子汉，怎么就不能勇敢些？你大胆一些，一跳就过来了！"

小立向爸爸求助说："爸爸，我害怕，你能帮助我吗？"说这话的时候，小立向爸爸投去了求助的眼神，这眼神明显带着害怕、恐惧。可是爸爸根本没有看孩子，反而不耐烦地说："你快点跳过来，要不我们中午前就爬不到山顶了！你这孩子怎么这么磨蹭！这有什么可怕的……"

听着爸爸的催促，小立的眼神变得更加黯淡了。此时，他内心不仅充满了害怕，还有委屈。他不明白自己本来就胆小，为什么爸爸非要催着自己跳过去呢？难道爸爸就不能帮自己一把吗？

如果小立的爸爸能够仔细观察孩子的眼神，就会发现小立是真的害怕，就能够读懂孩子眼神中那求救的信号。但是他却忽视了孩子的性格和内心情感，一味地催促孩子。如果小立爸爸之后还是不能更好地了解孩子，学会观察孩子的眼神，了解孩子的内心情感和情绪，那么小立就会因为爸爸的忽视和不理

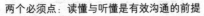

解而变得越来越胆小，甚至还会关闭了与爸爸沟通的大门。

是的，每一位父母都应该学会理解和倾听孩子，给予孩子积极的引导和耐心的帮助。当孩子向父母求助的时候，父母不应该抱怨孩子胆小、懦弱，或是笨拙，而是应该耐心地询问孩子遇到了什么麻烦，需要父母提供什么样的帮助，如此孩子才能更加信任和尊重父母。

要知道，孩子的眼神可以流露很多信息，不管是积极正面的情绪，还是消极负面的情绪，都是孩子内心感情和想法的最直接体现。如果父母不能读懂孩子眼神透露的信息，改变自己的说话方法，那么亲子沟通就是无效的。

因此，父母要学会读懂孩子的眼神，如此才能进入孩子的内心世界，开启他们心灵的窗户，从而建立和谐、默契、美好的亲子关系。

3. 发现孩子的小动作，了解他内心的小秘密

人与人之间的沟通，只有 7% 是用口头语言来实现的，而剩下的 93% 是通过肢体语言来实现的。对于语言发育还未成熟、表达能力还不完善的孩子来说，更多信息都是通过肢体语言来表达的。就算孩子已经具有了发达的语言表达能力，其肢体语言也比口头语言更能表露出孩子内心的真实情感。

而对于父母来说，如果不能读懂孩子的肢体语言，无法

正确解读孩子的小动作，那么就无法了解孩子的心思，更无法与孩子进行顺畅的沟通。所以，在与孩子相处的过程中，父母应该仔细地发现孩子的小动作，以便了解小动作背后的真实心思。

一天，颜颜从幼儿园回家后有点咳嗽，妈妈担心孩子传染了流感，就问道："颜颜，你是不是觉得有些冷？在幼儿园睡觉是不是没盖被子？"

颜颜摇着头说："没有，我睡觉都是盖着小被子的。"妈妈又问："那你是不是没喝水？"颜颜照样摇了摇头。

当妈妈问颜颜是否吃了糖时，颜颜突然大声说："没有，我一颗糖都没吃。真的！"然后，她用小手摸了一下嘴巴。这时候，颜颜妈妈发现了孩子的小动作，便立刻明白孩子在说谎。于是，妈妈耐心地说："既然这样，我们去找医生看看吧！你可能是患了流行感冒，需要打针吃药。"

颜颜最怕看医生了，听妈妈这样说，便马上承认了自己的错误。她对妈妈说："妈妈，今天我吃糖了。果果拿了很多小糖果，我吃了好几块。"妈妈听了，问道："那你为什么说谎？"颜颜委屈地望着妈妈说："我怕妈妈骂我！"

看看吧！孩子如果说了谎，往往会用小手摸摸嘴巴揉揉眼睛，或是噘起小嘴巴，抓挠自己的耳朵，或是低头不敢看父母的眼睛。这些小动作都说明他在心虚，不想让父母看出自己在说谎，或是担心父母的责骂，而不自觉做出这些小动作。只要父母能够仔细观察，就一定能够察觉这些小动作背后的秘密。

当然，孩子不同的动作代表着不同的含义，当孩子张开双臂的时候，说明他渴望父母的关心和安慰，想要父母给自己一个大大的拥抱。我们可以看到，很多婴幼儿在与父母分别许久之时，都会张大双臂向父母奔去，然后用力地抱住父母，以表示对父母的想念。当然，当孩子受到委屈或是感到害怕的时候，也会渴望父母的拥抱和爱护。这时候，父母要给予孩子积极的回应，让孩子感受到父母对自己的爱和关怀。

而当孩子把手背在背后时，则说明孩子对父母产生了抗拒心理，不想和父母亲近。比如孩子受到批评，或是对父母不满的时候，就会把头侧到一边，把手背在身后，或是整个身体都背对着父母，好像在说："我不要理你！""我不高兴了！"这时，父母应该顾及孩子的情绪，耐心地和孩子沟通，并且积极化解孩子的不满情绪，否则孩子的反叛心理会慢慢加剧。

同时，孩子的双脚也能反映孩子的内心，比如你和孩子谈话，孩子却想要到外边玩时，他的脚尖就会不自觉地朝着门外，恨不得马上离开；再比如孩子的双脚动作比较多，不是抖腿就是不停交换姿势，说明孩子内心比较焦急，想要尽快结束谈话。这时候，即便你再苦口婆心，孩子可能一句话也听不进去。

总之，孩子的小动作蕴藏着很多秘密，父母想要孩子建立良好的沟通，就应该多观察孩子，读懂孩子小动作背后的含义，从而真正走进孩子的内心。

4. 少说多听，让孩子有倾诉的机会

西方有这样的一句话：上帝赐给我们两只耳朵一个嘴巴，目的就是要我们少说多听。这句话非常适合父母与孩子之间的沟通。

亲子间的沟通往往不只需要父母的说教，更需要父母用耳朵、用心去倾听孩子的心声。做到少说教，多倾听，让孩子有倾诉内心想法的机会。

然而在生活中，很多父母非常关爱自己的孩子，也愿意为孩子做任何事情，可是他们唯独缺少了耐心倾听的良好习惯。平时，他们总是对孩子千叮咛万嘱咐，可当孩子想要说出自己想法的时候，他们却堵住了自己的耳朵，并且没有表现出足够的耐心；他们总是教育孩子应该如此如此，应该这样那样，然而一旦孩子做出了他们不尽如人意的事情，他们就马上批评责骂孩子，从来不肯给孩子解释的机会，以至于时常误会孩子而不自知。

小樱是一个三岁的小女孩，平时备受父母的疼爱，可最近却做了一件"坏事"——她把一碗热汤倒入了花盆，导致爸爸新买的珍贵兰花当场"阵亡"。

爸爸非常生气，觉得孩子实在是太淘气了，简直就是破坏分子。爸爸大声批评说："你怎么这么淘气？竟然把热汤倒了进去，实在是太过分了！说，你是不是故意的？"小樱吓得大哭起来。

这时候妈妈走了过来，先是安抚了孩子的情绪，之后对爸爸说："孩子这么小，怎么能故意烫死你的花呢？而且孩子平时很乖的，也不会惹事捣乱啊！"于是，她温柔地问道："孩子，你能告诉妈妈为什么要把热汤倒进花盆吗？"

　　小樱抽泣地说："昨天我到奶奶家，奶奶给我做了一碗汤，还说非常有营养，喝了能长高高。我喜欢花，也想让它长高高。"

　　听了小樱的话，爸爸惊呆了，原来孩子并不是故意捣乱，而是也喜欢花啊！随后他蹲下来，对孩子说："对不起，宝贝！爸爸刚才错怪你了！不过，你想要让花长高高，也不能浇热汤啊。热汤只是对我们人有营养，却会烫死花的。"

　　小樱天真地问："那怎么能让花长高高呢？"

　　爸爸说："如果你喜欢花，爸爸可以再买几盆。爸爸教你怎么浇花，我们一起来养花，好吗？"小樱终于破涕为笑，高兴地答应了。

　　孩子用热汤浇花，确实惹了祸。但是小樱却没有一点恶意，本意是出于对花儿的喜爱。试想，如果小樱父母没有询问缘由，倾听孩子的解释，因为小樱"调皮顽劣"而打骂惩罚孩子，那么结果会怎样呢？

　　恐怕小樱的爱心会受到严重伤害，并且导致积极性和自尊心都受到打击，从而对爸爸妈妈产生排斥心理。这对孩子的成长和心理健康都是非常有害的。

　　孩子做一件事情必定有自己的想法，尽管他们会好心办坏事，尽管他们可能犯了错误，但是父母也不能不分青红皂白地就指责孩子，不给孩子表达自己想法和辩解的机会。

作为父母，需要关注孩子的行为，更需要关注孩子内心想法，了解他们为什么这样做。如果父母不能倾听孩子的想法，一味地批评孩子，那么孩子就会产生这样的想法："我明明没有做错，父母为什么会批评我？""我错在哪里了？为什么我的好心没有得到表扬，却遭到了批评？"时间长了，孩子不仅失去了做事的积极性，还会拒绝与父母进行正常的沟通。

因此，作为父母，想要更好地教育孩子，就应该学会少说多听，给孩子倾诉的机会。那么应该倾听孩子什么呢？

1. 孩子关心的事情

作为父母，应该了解孩子的兴趣与爱好。所以，在与孩子的沟通时，应该倾听孩子在关心什么，比如好玩的游戏、可爱的宠物、喜欢的音乐、朋友间的趣事、喜欢什么颜色、讨厌什么东西……

或许在父母眼中，孩子关心的事情都是幼稚的，但是这却反映了他们的兴趣与爱好。父母只有多倾听、多了解，才能真正了解孩子的内心；而父母只有对孩子的兴趣、爱好表现出浓烈的兴趣，孩子才会感觉自己受到了尊重，才更愿意与父母交流。

2. 孩子最近的喜悦和烦恼

孩子遇到高兴的事情时，内心就会充满了喜悦，而在孩子遇到不顺心的事情时，内心就会充满了烦恼和郁闷。不管是高兴还是郁闷，不管是喜悦还是烦恼，孩子都想要和父母分享，这时父母不管多忙，都应该留些时间给孩子，倾听他们的喜悦和烦恼。

不要认为"和同伴吵架""某个孩子不喜欢我""我受到了表扬"是鸡毛蒜皮的小事，在孩子心中这些就是他们最重要的事情。作为父母，只有耐心地倾听，并且积极帮助他们解决问题，孩子才会更信任你，更愿意把生活的点滴和内心的感受都拿来与你分享。

3. 孩子的想法和内心需要

很多父母自以为是地为孩子做了很多事情，结果不仅没有让孩子感到高兴，还引起了孩子的反感。所以，在日常生活中，父母应该学会倾听孩子的需要，做到投其所好，如此孩子才不会"不识好歹"。

5. 想要真正了解孩子，需主动提升倾听意识

在与孩子的相处过程中，父母总是说得多，听得少，这种单向沟通方式的直接后果就是：父母每天都与孩子沟通，却很难知道孩子真正的想法；父母觉得自己的教育很好，结果孩子和父母的心却越来越疏远。

简单来说，就是亲子沟通障碍产生的绝大部分原因是倾听的缺失。所以，作为父母，想要了解孩子并且与孩子进行有

效的沟通，就应该主动提升自己的倾听意识，多倾听孩子的心声，多听听孩子讲述高兴的事、不高兴的事。

或许有父母会说："我每天都有忙不完的工作和家务，孩子又像小蜜蜂似的嗡嗡嗡地在我身边讲个不停，我哪有那么多时间和精力去听他们讲话呢？"这种想法是错误的。正是因为父母们每天都比较忙碌，才需要多留些时间给孩子，多多倾听他们的心声。

再说，随着孩子年龄的增长，他们将会越来越独立自主，并且需要越来越多时间来处理自己的事情，导致能够和父母谈心和倾诉的机会和时间越来越少。如果父母不趁着孩子想要倾诉的时机多和孩子沟通，那么等孩子长大了，他们就没有时间和心思和父母沟通了。这时候，父母即便想和孩子沟通，也没有那么容易了。

小欧今年10岁了，和同学明明是关系很好的死党，可两人的性格有些不同。明明平时大大咧咧，做事情不会考虑太多，而小欧则性格温顺内向，还有些多愁善感。

有一段时间，小欧的情绪有些低落，做什么事情都提不起兴趣来，而且"死党"明明也好长时间没有找他玩了。看到这样的情形，妈妈好奇地问："小欧，这几天怎么没看见明明？"

小欧低声回答说："我怎么知道？人家可能有事情要处理！"

妈妈开始想，明明可能真的有事情要处理，所以才没有时间来找小欧。可孩子的情绪实在太可疑了，于是耐心地询问：

"小欧，你是不是和明明发生矛盾了？"

这时候小欧有些伤心地说："妈妈，你说两个朋友会不会因为成绩的差距而越来越疏远？成绩好的同学会不会看不起成绩差的同学？"

妈妈问道："你为什么会这样问呢？"

小欧说："我觉得明明是因为自己学习成绩好，而不爱和我玩了。那天，我看见他和班里的学霸走在一起，我刚要和他打招呼，可是他好像没看见我似的，和学霸有说有笑地走开了！我们是最好的朋友，他怎么能因为成绩好就疏远我呢？"

妈妈听了之后，终于明白了孩子情绪低落的原因。于是，她问小欧说："你问过明明了吗？或许他真的没有看见你呢？我觉得明明不是这样的人，这段时间你们都没有沟通吗？"

小欧闷闷地说："他有好几次都想和我说话，可是我……"

妈妈说："这就对了，可能是你想多了。你应该好好找明明谈谈，否则一段美好的友情不就因为误会而失去了？"小欧答应了。

第二天放学后，小欧兴高采烈地回到家，并且对妈妈说："妈妈你说得对，我误会明明了。那天他真的没有看见我，并不是不想理我。他还以为我这几天不舒服，所以才情绪低落，不想和他说话呢。现在我们的误会解开了，我们还是最好的朋友！"

小欧妈妈是一位聪明的妈妈，当她发现孩子情绪不对的时候，便主动询问孩子缘由，并且倾听了孩子的苦恼。正是因为妈妈的主动倾听，才使得孩子尽快消除了郁闷的情绪，并修复了珍贵的友谊。

同样的事情，如果放在不懂得主动倾听的父母面前，那么就可能出现以下的情况：

妈妈："小欧，这几天怎么没看见明明？"

小欧："我怎么知道？人家可能有事情要处理！"

妈妈："你这孩子怎么这么说话！他不是你好朋友吗？我不问你问谁！"

……

小欧："妈妈，成绩好的同学会不会看不起成绩差的同学？"

妈妈："当然了，谁也不愿意和成绩差的孩子玩，所以你要努力学习，争取考个好成绩！"

……

相信这样一来，小欧的情绪不仅不会好转起来，还会变得越来越敏感、自卑，甚至彻底失去了和明明的友情。

主动倾听的意识不仅可以让父母了解孩子，更容易让父母真正走进孩子的内心。因为这样的倾听使父母更加准确地理解孩子所说话的含义，更好地帮助孩子理解自己的情感，从而引导孩子分析和解决所遇到的问题。同时，父母的倾听可以让孩子感到自我价值的存在，产生被满足、被理解的心理，从而更愿意和父母说出心里话。

因此，作为父母要主动提高倾听意识，听孩子表达自己的主张和意见，听孩子倾诉自己的情感，如此才能使得亲子之间形成一种更亲密、更默契的关系。

6. 想做孩子的听众，就要给他足够的耐心·

倾听，对于任何人来说，都是非常重要的。倾听可以让你加深对对方的了解，还可以得到意想不到的收获。作为父母，应该学会做孩子的听众，并且给予孩子足够的耐心，耐心地倾听他们的想法和心声。

可很多父母显然没有做好这一点。有些父母能够倾听孩子的想法，但却要看自己的心情。如果他们心情好了，就会愿意做孩子的听众，耐心和孩子交谈。可一旦心情不好，他们就会不耐烦地说："去、去、去，不要烦我！"或是他们正在忙着做家务的时候，就会不耐烦地对孩子说："等会儿再说，你没有看到我正忙着嘛！"

或许父母认为，这样轻松的一句话就能打发了孩子，让孩子"闭嘴"。事实也如此。当父母这样说的时候，其实就直接拒绝了孩子要求交流的诉求，从而打消了孩子和你倾诉的欲望。如此一来，孩子会感觉自己受到了父母的轻视，认为自己在父母眼里并没有那么重要。甚至有些敏感的孩子，还会因此产生叛逆情绪，从而再也不愿意和父母沟通和交流。

很多父母不明白，倾听是父母的必修课，是促使孩子健康成长、促进亲子沟通的重要一课。对于孩子来说，父母耐心的倾听，就是对于他们最大的鼓励和支持，就是对他们最好的爱和滋养。而如果父母不愿意倾听孩子说话，或是缺少了耐心，那么孩子就会像没有充足养料的植物一样缺少了活力。

一天，妈妈为5岁的牛牛做好早饭后，就忙着洗脸刷牙了。可十分钟后，等她准备好一切后，发现牛牛面前的食物一点都没动。

妈妈焦急地说："牛牛，快点吃饭，上学要迟到了！"说完，她就又去给孩子收拾书包了。牛牛闷闷地说："妈妈，我今天不想吃早餐。"着急的妈妈严厉地把孩子训了一通，说孩子不听话、不懂事。结果，委屈的牛牛开始流眼泪、闹情绪，而妈妈也生了很大气，好好的一个早上变得乱七八糟。

谁知接下来的两三天牛牛都是如此，不好好吃早饭，非要妈妈逼迫才肯吃一点。妈妈感到非常着急，以为是孩子故意和自己作对。无奈之下只能和牛牛老师咨询，而听了牛牛妈妈的陈述，老师说："孩子不好好吃早饭，应该是有原因的。是不是每天喝牛奶、吃面包，孩子感觉厌烦了呢？还是孩子身体有些不舒服？我们应该听听孩子怎么说，不应该一味地强迫他吃早餐。"

事后，妈妈心平气和地问牛牛："牛牛，你为什么不愿意吃早餐？妈妈做得不好吃吗？"

牛牛的态度很强硬，说："我就是不吃！"

妈妈耐着性子说："为什么呢？你不吃饭，上学不饿吗？"

牛牛想了想，委屈地说："上课的时候我就饿了，肚子都饿得咕咕叫了！可是你每天都给我喝牛奶、吃面包，我都吃腻了！"

妈妈笑着说："那以后妈妈尽量给你多做几种早餐，好吗？

我们可以周一吃包子，周二吃小米粥，周三吃面包。你还想吃什么别的东西，也可以和妈妈说。好吗？"

牛牛听了妈妈的话，终于点了点头，开心地笑了。

常常有父母这样抱怨："真不知道我家孩子是怎么想的，总是不肯听话，非要和我对着干！"那么，不妨想一想，作为父母的你好好听孩子说话了吗？作为父母的你是否耐心地倾听孩子的心声了呢？

牛牛之前之所以和妈妈闹别扭，就是因为妈妈没有听自己的心声，强迫自己吃那些早已经吃腻的早餐。而当妈妈和牛牛沟通之后，并且倾听孩子的意见之后，牛牛就变得乖巧多了。所以，想要有效地和孩子沟通，父母就应该走进孩子的内心世界，做孩子的听众，用心地并耐心地聆听孩子的心声。

倾听说起来很简单，就是用一对耳朵听孩子说话，但是真正能够做好却并不那么容易。生活中，很多父母本想好好地和孩子好好沟通，可听到孩子说话吞吞吐吐，或是"强词夺理"时，他们就不自觉地火冒三丈了，不是打断孩子说话，就是劈头盖脸地把孩子骂一顿。这样的倾听，显然是不成功的，甚至还会起到适得其反的效果。

倾听需要用心，当孩子述说自己的委屈时，父母要用心地倾听，体会和理解孩子的感受。在倾听的过程中，父母应该给予孩子积极的回应，而不是用"嗯嗯""是的"这样的话语来敷衍。

倾听更需要耐心，不要不耐烦，更不要过于心急。只有耐心倾听孩子说话，做一个忠实的听众，才能让孩子更愿意把自己的想法说出来。

7. 听懂孩子的弦外之音，真正理解孩子的小心思

天下没有不爱孩子的父母，却有很多不懂孩子的父母。这些父母时常抱怨孩子越来越不好管，于是便给孩子戴上了"叛逆""不听话"的帽子，并企图用家长的威严来让孩子听话；还有一些父母则走向了另一个极端，他们不知道孩子内心的想法，却极度想要知道孩子的小心思，于是便偷偷看孩子的日记，做出了侵犯孩子隐私的行为。

不管是上面的哪一种做法，都是非常不恰当的，都无法和孩子建立良好的沟通。因为沟通就是不断了解孩子，并且不断消除孩子与父母隔阂的过程。想要更好地教育孩子，父母就应该真正理解孩子的内心，倾听他们的话语和心声，倾听他们对于某些事情的理解和意见。更重要的，父母要学会倾听孩子的弦外之音，真正做到了解和理解自己的孩子。

正因为如此，在和孩子沟通的时候，父母要认真地倾听，如果发现孩子说话有些拐弯抹角了，或是情绪有些不对，那么就应该好好琢磨孩子的弦外之音了。比如，平时大大咧咧的孩子，说话突然变得小心翼翼了，那么父母就应该注意了，孩子可能有些心事。

可事实上，很多父母在沟通的过程中都只听孩子话语的表面意思，却没有关注孩子的话里的真正含义，以至于无法了解孩子的内心。

　　下面这些父母就没有能够听懂孩子的弦外之音：

　　情景一：小明对爸爸说："爸爸，今天小花说他爸爸带她去动物园了，那里有很多有趣的动物，大熊、梅花鹿、猴子……"

　　爸爸说："是啊！动物园的动物有很多，很多你都没有见过……"

　　其实，小明的弦外之音是："爸爸，我也想去动物园！我对于那些动物非常感兴趣！"如果爸爸听懂了孩子的弦外之音，说："是吗？你喜欢动物吗？我们下周也去动物园吧！"那么孩子肯定万分高兴。

　　情景二：四岁的小刚是个乖巧又懂事的孩子，可是自从妈妈生了弟弟之后，他就开始变得淘气、不听话起来。

　　一天妈妈正在给弟弟喂奶，让小刚自己一个人吃蛋糕。小刚平时最喜欢吃蛋糕了，谁知这一次他吃着吃着却大声地说："这个蛋糕太难吃了，我不吃了！"

　　妈妈品尝了一口，不解地说："你不是最爱吃这家的蛋糕吗？我觉得挺好吃的啊！"

　　小刚生气地说："就是不好吃，我不想吃了！你给我做我爱吃的鸡蛋饼！"

　　妈妈无奈地说："小刚乖，妈妈正在给弟弟喂奶，一会再给你做好吗？"

　　小刚不依不饶，马上开始大哭大喊。而妈妈则气急败坏地批评了他。

其实，小刚表面上说蛋糕不好吃，想要吃鸡蛋饼，实际上却是因为妈妈只顾着管弟弟，忽视了他，而故意闹情绪。他的目的是想要妈妈把注意力放在自己身上，多关心自己。而他的弦外之音是："妈妈，我想你多注意我！""我需要妈妈的关爱！"

场景三：萱萱放学后，看到妈妈正在电脑前加班，于是试探地问："妈妈，你累了吗？我给你捶捶背吧！"

妈妈说："宝贝，妈妈不累！你自己做作业，我一会就忙完了。"

等到妈妈忙完了，萱萱又走过来，轻声说："妈妈，如果一个男同学送我礼物，我能接受吗？"

妈妈说："当然不能了，无功不受禄，我们不应该随便收别人的礼物。"

其实，萱萱表面上问妈妈是不是应该接受礼物，实际上是想问妈妈如何面对男同学的示好，想要和妈妈谈一些心里的小秘密。

在生活中，有些孩子比较内向，不善于表达，不习惯直接表达自己的想法和意见；还有些孩子因为种种原因，不好意思直接表达自己的想法。所以，作为父母，不仅要听懂孩子话语表面上的意思，更要学会听懂孩子的弦外之音。

要知道，亲子关系的加强最主要的因素就是依赖于倾听，父母乐于倾听、善于倾听，才能从孩子的话语中了解其喜怒哀乐、真真切切的感受、最真实的想法，从而真正了解和理解孩子的快乐和烦恼。

所以，父母想要真正与孩子建立有效的沟通，走进孩子的内心，那么就应该学会倾听，善于倾听孩子的弦外之音。

8. 孩子这是在说反话，你反应过来了吗？

　　很多孩子喜欢说反话，比如他明明很想吃某个东西，但是如果你让他洗了手再吃，他就会说自己又不想吃了；他明明不善于做这件事情，可是由于你批评了他，他却会倔强地说自己能做好，宁可一次次接受失败，也不寻求你的帮助；他明明觉得自己没有做错事情，可是担心你的责骂，却违心说自己错了……

　　爱说反话，是孩子成长过程中一个正常的现象。几乎所有孩子，都曾经经历这样一个过程。有的孩子因为不敢反驳父母，而不得不说反话；有的孩子则是因为叛逆心理在作祟，而故意说反话；还有的孩子是因为面对父母的质问，而不得不用反话来保护自己。

　　孩子说反话的现象是非常正常的，在三岁左右，几乎所有的孩子都会有"反抗期"，一般会持续一年左右。这段时间，孩子的自我意识开始发展，有了自己的想法和主见，喜欢自己的事情自己做。一旦遭到父母的反对，或是受到了父母批评，他们就会心生抱怨，而产生说反话的现象。

　　另外，在青春期叛逆时期，孩子也容易和父母对着干，故意不按照大人的话去做。他们会因为父母对自己干涉过多，或是忽略了对自己的关心，而产生过激反应，故意说出违背自己的心意的反话。

比如，他明明喜欢学钢琴，却因为父母过度催促、管教，而说自己不喜欢，拒绝练习；或是，他明明希望父母陪自己参加篮球赛，嘴上却说："你不用陪我去！反正你也没有陪过我！"

一对年轻的夫妇，由于工作繁忙而没有时间照顾孩子，所以把十几岁的儿子交给老人和保姆照顾。为了给孩子最好的生活环境，他们在市中心买了大房子，还把孩子送入了最好的私立学校，让孩子接受最好的教育。

可由于缺乏父母的陪伴，再加上老人过于溺爱孩子，导致孩子性格非常乖张、任性，凡事都以自我为中心。他生活能力低下，什么事情都要爷爷奶奶和保姆帮忙；学习成绩差，上课不认真听讲，下课不完成家庭作业；与同学关系也不是很好，时常发生矛盾。

一次，由于和同学发生了矛盾，他竟然拒绝上学，爷爷奶奶怎么劝也不管用。最后，爷爷奶奶只好把事情交给孩子父母处理。可是当父母质问他为什么不好好上学的时候，他竟然冷冷地说："你们还知道管我啊？我不需要你们管！对于你们来说，我是可有可无的，既然如此，为什么还管我上不上学呢？"

父母看到孩子如此表现，不知道怎么办才好。

这个孩子嘴上说不用父母管，内心是非常渴望父母关心和陪伴的，但总是无法得到，所以内心产生了逆反心理和抱怨心理，才违背自己的本意，说出了相反的话。

孩子为什么会说反话？为什么不直接表达自己的想法？我想这是很多父母应该反思的一个问题。从上面的例子可以看出，当孩子的内心得不到别人理解的时候，或是愿望无法得到满足的时候，他们就会通过说反话来掩饰自己的真实想法。实际上，这个孩子所有反话背后都隐藏着他渴望被父母理解、肯定、支持、关心的强烈需求。

　　所以，作为父母，应该多和孩子沟通，多倾听孩子的心声。在和孩子沟通的时候，父母应该耐心地倾听孩子的话语，仔细观察孩子的情绪，解读他们真正想要表达的信息。尤其是孩子进入叛逆期后，父母更不能一味地批评孩子，要求孩子按照大人的想法去做，而是应该给他们足够的理解和关怀，给予他们想要获得的爱。当父母能够做到这些时，孩子自然就会说出自己的真实想法，而不是说反话了。

　　可以说，说反话是孩子叛逆的表现，但更是孩子关闭自己心灵、不愿意和父母良好沟通的表现。对于这一点，父母一定要提高警惕，要学会耐心地和孩子沟通，更要多关心和爱护自己的孩子，如此才不会让彼此的关系更加疏远，让亲子沟通更加困难。

9. 倾听时，要认识并接纳孩子的情绪

　　有父母经常抱怨说："孩子经常闹情绪，想哭就哭，想闹就闹，实在是太不好管了！"其实，孩子有情绪是正常的，不

管是谁，都有情绪不好的时候，孩子更是如此。那么，作为父母，面对孩子愤怒、委屈、不快等不良情绪，应该怎么做呢？是说教，还是批评？是引导，还是制止？

事实上，作为父母，首先要学会认识并接纳孩子的不良情绪，并且及时给予孩子正确的心理疏导。如果父母不能做到这一点，一味地指责和批评孩子，那么孩子就会认为你不理解他，从而逐渐地隐藏自己的情绪，不再愿意和你沟通。如此一来，孩子的情绪就会被压抑在心里，久而久之导致敏感、抑郁、叛逆等心理问题。

硕硕刚刚上幼儿园，还有些不适应新环境。所以，每天早上他都不愿意上学，起床、吃饭都磨磨蹭蹭的。妈妈因为着急上班，所以时常催促他，实在着急了就会大声吼孩子几句。可越是如此，硕硕就越排斥上幼儿园，时常在家里边哭边闹，嚷嚷着不想上幼儿园。

看到孩子这样，妈妈真是气坏了，总是生气地说："哭什么哭，有什么好哭的？你可是男孩子，怎么这么爱哭呢？再说，你已经4岁了，怎么能不上幼儿园呢？"

妈妈的这种行为彻底让孩子对上幼儿园产生了排斥心理，有时会通过无理取闹的方式来反抗妈妈，不是不好好吃饭就是和妈妈顶嘴。

于是，妈妈只好任由硕硕闹情绪，每天依然强行把孩子送到幼儿园。结果，现在的情况就演变成这样：硕硕每天哭喊着不愿意上幼儿园，而妈妈则强行把孩子抱到幼儿园。家里每天都因为上幼儿园而上演"母子大战"。

妈妈实在不明白，硕硕究竟要做什么？为什么这么排斥上幼儿园？

其实，问题的根源就在于硕硕妈妈没有耐心地倾听孩子的想法，没有让孩子说出自己为什么不喜欢上幼儿园。在孩子闹情绪的时候，她没有询问孩子发生了什么事情，更没有及时疏导孩子的情绪，反而用强硬的手段逼迫孩子上学。所以，孩子才会无休止地闹情绪，用哭闹反抗妈妈。

之后硕硕妈妈更是对孩子的反抗置若罔闻，这样一来，孩子怎么能好好地上学呢？怎么能不哭闹呢？

生活中其实有很多像硕硕妈妈这样的父母，他们认为孩子闹情绪是一件小事，没有必要太在意。在这种思想的引导下，他们忽略了要耐心地倾听孩子情绪，更忽略了对于孩子的心理疏导，所以导致孩子情绪积压在心里，不得不用无理取闹来引起父母的注意。

倾听是亲子沟通的前提，而在倾听时接纳孩子的情绪，对孩子的负面情绪进行及时的引导，则是促进亲子良好沟通的关键。很多时候，孩子闹情绪只是想告诉父母：我有话对你说！父母们只有认识并接纳孩子的情绪，让孩子把情绪发泄出来，把内心的想法表达出来，才能彻底解决问题。

那么，作为父母，应该如何倾听孩子的情绪，并且积极地引导孩子的情绪呢？

1. 理解、接纳孩子的情绪

父母们要知道，对于孩子的情绪反应，不管是委屈还是愤怒，不管是兴奋还是愉快，都应该学会理解和重视。接纳是为了更好地引导孩子合理地处理自己的情绪，尤其是对于那些负面情绪。父母先了解和接纳孩子，孩子才能信任父母，愿意说出自己的心里话，从而愿意听从父母的意见。

当然，接纳孩子的不良情绪，并不等于赞同孩子的做法，更不代表着放任孩子把情绪当成是对付父母的工具。父母还应该告诉孩子：我可以接纳你的愤怒，理解你的愤怒，但是你必须学会正确地表达自己的愤怒，并且及时告诉我你自己的想法，如此我才能帮助你。

2. 帮助孩子正确表达情绪，并且找到负面情绪的真正原因

孩子在年幼时期不能控制好情绪，并采取了不正确的发泄方式，是非常正常的。那么父母就应该及时帮助孩子觉察、认清自己的情绪，并帮助他们适当地发泄负面情绪。

当孩子情绪得到发泄之后，父母应该通过提问的方式，找到孩子情绪不良的真正原因，了解孩子内心的真实想法。只有如此，父母才能对症下药，帮助孩子解决问题，从而与孩子建立良好的沟通。

第三章

三项基本原则：
沟通最怕暴力、伤害与强迫

很多时候，父母们是真诚地爱自己孩子的，并且想要给予孩子最好的、最合理的教育。可是，由于父母选择错了方法，用暴力、强迫、强制的手段来管教自己的孩子，结果反而伤害了孩子幼小的心灵。

所以，广大父母们，既然爱孩子，为什么不改变自己，给予孩子温柔呢？

1. 不要让你板起的臭脸吓到孩子

很多父母坚持严肃的教养态度，认为只有严格要求才能培养出有出息的孩子，才能让孩子乖乖地听话，而一旦采取温和、宽容的态度，孩子就会肆意妄为，不服从自己的管教。

于是，在日常生活中，这些父母总是像严肃的教官一样，对孩子板着一张臭脸，言辞中也充斥着训诫和斥责。一旦孩子稍有怠慢和反抗，他们就会劈头盖脸地把孩子痛骂一顿。

或许这样的父母对孩子的爱，一点都不比温柔的父母少。但是在他们的潜意识中，自己越严厉，就是越爱孩子，对孩子的成长就越好。

事情真的如此吗？当你板着脸和孩子沟通的时候，严厉地训斥孩子的时候，甚至蛮不讲理、根本不容孩子分辩的时候，孩子真的能体会到你的爱吗？这样的教育方式，对于孩子的成长真的有帮助吗？

答案是否定的。

父母对孩子的态度，不仅影响到亲子之间的沟通，更影响到孩子的心理和能力的发展，影响到孩子对生活的态度，以及日后性格的形成。当父母用温和的态度和孩子交流时，孩子会体会到父母的爱和关心，会变得越来越自信、坚强、自主；相反如果父母总是板着脸，用严厉甚至粗暴的态度对待孩子时，孩子虽然表面上非常听话、服从，却会逐渐地关闭和父母沟通的大门。

倘若父母不懂得这个道理，认为对孩子越严厉越好，那么只能是适得其反。孩子不是叛逆倔强，处处与父母作对，就是唯命是从、自卑懦弱。

乐乐是一名小学生，父母都是比较成功的生意人。为了磨炼孩子的性格，从孩子很小开始，乐乐父母就给予孩子严格的教育，很少用温和的态度来对待孩子。因为父母的严格要求，乐乐从小就非常乖巧懂事，不管是学习上还是生活上都没有让父母太过于操心。

可逐渐地，乐乐父母发现孩子越来越胆小、懦弱了。在学校里，他不敢大声地说话，即便与别人发生了冲突也不敢争辩。而且，在家里也是如此，只要父母和他大声说话，他就吓得不敢说话了。

一天，乐乐放学回家后，浑身都是脏兮兮的，膝盖还擦破了皮。妈妈看到之后，就严厉地说："你今天干什么了？怎么弄得这么狼狈？"

乐乐低着头，小声地说："我今天踢足球了……"

妈妈没有听到，就大声地训斥说："大声说话！这么小声音说话，像蚊子嗡嗡嗡一样，谁听得见？"

看到妈妈又板起脸教训自己，乐乐就更不敢说话了，只能站在那里低着头，眼里流下了泪水！

其实，乐乐心里有很多委屈想要和妈妈说，但是看到妈妈这么严厉，就不敢说了。原来，今天足球课上，同学们都在玩足球，乐乐在运球的时候，一个男同学为了抢球而故意把他绊倒。乐乐想要争辩，但看到对方气焰嚣张便没有再作声，只能把委屈埋在心里。

很多父母总是觉得严厉些，对孩子更有好处。可乐乐父母的严厉却给孩子带来了伤害，乐乐不仅在家里不敢违背父母的意愿，在学校也越来越胆小、懦弱。因为在日常生活中，父母总是板着脸，严肃地对待乐乐，所以，乐乐习惯了唯命是从，也习惯了逆来顺受。更为严重的是，在父母的不断训斥下，乐乐的自尊心、自信心都受到了严重伤害，勇气和独立自主能力也受到压制，从而形成了不完整的人格。

乐乐父母是爱孩子的，这一点我们不用怀疑。可是他们却用自己的爱摧毁了一个孩子。这真是太可悲了。由此可见，一味对孩子板着脸，采用"教官式"的教育方式，并不利于孩子的成长。

孩子年龄尚小，心智发展不成熟，而且心理非常脆弱，他们需要的是温和的教育方式，更需要父母悉心的照顾和无尽的关爱。所以，不要总是对孩子板着脸，即便是孩子犯了错，也应该采用和风细雨的教育方式，如此才能促使孩子健康地成长，才能促进亲子关系的亲密无间。

2. 请你说话时对孩子温柔一点

史蒂芬·柯维在《高效能家庭的七个习惯》中写道："我们习惯于对家人大喊大叫，指责而不去理解，命令而不去沟通，学不会道谢，也不懂得道歉。我们都觉得自己已经为家庭生活付出了太多，却忽视了最关键的一点——有效沟通。"

没错，最糟糕的沟通就是简单粗暴，对孩子大吼大叫。可现实生活中，很多父母却总是爱吼孩子，当孩子做事情拖拉时，当孩子考试成绩不佳时，当孩子提出反对意见时……父母总是没说几句话就开始大吼大叫，就像是一只喷火龙一样，无法控制自己的情绪。

吼叫是父母无法控制自己情绪的表现。实际上，不管你的吼叫是为了训斥孩子，还是警告孩子，都可能起不到很好的效果。这样的吼叫，一次两次还可能让孩子听话，让他们有所忌惮，可次数多了，孩子就会产生免疫力，你吼你的我做我的。时间长了，孩子还会产生逆反心理，故意和父母作对，好像是故意惹你发火一样。

飞飞是个聪明又调皮的孩子，每天放学后都不愿意做作业，总是放下书包就跑出去玩。为了这个，飞飞爸爸没少训斥他。只要看到孩子不按时完成作业，他就会大声吼道："你每天就知道玩！看看你的成绩！""如果你再不做作业，今天就不要吃饭了！"可即便如此，飞飞还是没有改掉这样的毛病。

一天，飞飞的姑姑来家里看他，正好看到爸爸正在因为做作业的事而训斥乐乐。爸爸生气地说："我让你写作业，你却跑出去玩！现在赶紧进屋写作业，否则看我怎么收拾你！"飞飞非常不服气地进了屋，显然对爸爸的训斥不以为然。

姑姑看到这样的情形，走进他的房间，然后温和地问道："飞飞，你为什么每天都不爱写作业？放学后你可以在外边玩一会儿，可是也不能忽视了功课啊！"

飞飞看着姑姑说："我是故意的！"

姑姑惊讶地说："为什么啊？"

飞飞说："我爸爸每天就知道对我大吼大叫，对我太凶了，他越是吼我，我就越不写作业，故意气他！"

姑姑无奈地说："爸爸也是为了你好，你聪明懂事，也应该知道按时完成作业的道理。就算你对爸爸的态度有所不满，也不能故意气爸爸，对吗？当然，爸爸的态度也不对，姑姑会和他谈谈的。你以后不再这样做了，好吗？"

飞飞点点头，开始认真完成作业。姑姑找爸爸谈了之后，爸爸也认识到了自己的错误，原来是自己粗暴的态度让孩子产生了反感，才变得越来越不听话。

从此以后，飞飞爸爸改变了自己的态度，尽量不对孩子大吼大叫，而是以温和的态度对待他。结果，飞飞不但按时完成作业了，学习成绩也有了很大的进步，最重要的是父子关系也有了好转，可以进行良好的沟通了。

相比大吼大叫，温柔的教育方式更能让孩子听自己的话。父母想要让孩子改掉不良习惯，或是让孩子听自己的意见，那么就应该避免采用吼叫的粗暴方式。父母应该温柔地指出孩子的错误，引导孩子认识并改正错误。如此一来，孩子才能心悦诚服地接受父母的意见。

真正聪明的父母绝对不会随意对孩子吼叫，更不会随意打骂孩子，因为他们知道和风细雨的沟通方式才是孩子最渴望的，才是对孩子最有效的。

同时，用温柔的方式和孩子说话，不仅符合孩子的心理需求和心理特点，还可以缩短亲子间的心灵距离，促进彼此之间的交流。当父母温柔地对孩子说话时，孩子会觉得自己受到了父母的尊重，而父母和蔼的眼神、温柔的态度，也会让孩子产生倾诉的欲望，把自己的话全部告诉父母。当父母温柔地对孩子说话时，孩子就会用一种平静的心情和父母交流，不会产生害怕、恐惧的心理，从而认真听取父母的意见。

正如几米曾在《我的错都是大人的错》中写过："为什么风可以那么温柔地对树说话，而你却永远学不会对我温柔地说话呢？"

所以，亲爱的家长们，和孩子说话时，请你温柔一点吧！

3. 别把你的意愿，强加在孩子身上

每一位父母都对孩子有美好的期盼，希望自己的孩子有一个美好的未来，希望孩子能成龙成凤。于是父母们煞费苦心地为孩子描绘美好的蓝图，给孩子做了最好的安排。

可有时候尽管父母的愿望是好的、初衷也是好的，却忽视了孩子的情绪、能力、爱好等因素，以至于把自己的意愿强加在孩子身上，强迫孩子做自己不情愿做的事情。

事实上，不管父母多么为孩子好，一旦把自己的意愿强加在孩子身上，结果只能是事与愿违。这样的做法不仅对孩子的成长没有什么帮助，还会给孩子带来巨大的压力，让他们产生

排斥心理。同时，这还会让孩子失去了自我空间和独立意识，可能导致孩子过于依赖父母，性格变得越来越自卑、懦弱，甚至迷失自己。它还可能导致孩子产生抵触、逆反的情绪，致使亲子关系越来越恶化。

所以，作为父母，应该学会尊重孩子，让孩子按照自己的意愿做事，并且积极引导孩子独立自主。

谢苗是一个5岁的小女孩，很喜欢画画，也很有这方面的天赋。为了更好地培养孩子，妈妈给她报了一个美术学习班。小孩子没有美术基础，所以妈妈决定让她先从最基础的彩笔画开始学习。

而为了让孩子更好地学习，妈妈可谓是煞费苦心，总是不厌其烦地让孩子练习，并且在一旁指导：这里的线条不匀称，那里的布局不合理；你应该这样画，这样画才漂亮……

慢慢地，谢苗对画画失去了兴趣，还出现了厌学情绪。妈妈百思不得其解，多次对孩子说："你不是喜欢画画吗？现在怎么不好好学了？你不好好学，怎么能成为出色的画家！"可这样的谈话显然没有多少效果，谢苗越来越不愿意去美术班。妈妈只好让孩子放弃了。

可过了一段时间后，孩子对画画的兴趣好像又提高了。她时常对妈妈说："妈妈，我现在很喜欢幼儿园的老师，也喜欢和老师一起画画。"经过了解之后，妈妈才知道，原来这位老师是新毕业的幼师，在课堂上她从来不规定孩子应该画什么不应该画什么，也不强迫孩子必须把线条画直，把花朵花漂亮。孩子们可以自由地发挥想象力，按照自己的想法来绘画，所以孩子们很喜欢画画，并且享受到了画画的乐趣。

谢苗妈妈这才恍然大悟：孩子之所以厌学，并不是因为对画画没有兴趣，而是因为自己时常把意愿强加给孩子，强迫她必须按照自己的要求来画；而这位老师尊重孩子的意愿，尊重孩子自主性，所以孩子才又对画画产生了兴趣，并且喜欢和老师一起学习。

从此之后，谢苗妈妈开始学着尊重孩子，不再把自己的意愿强加给孩子，并且积极引导孩子做自己想做的事情。正因为如此，谢苗在成长的过程中获得更多快乐、更多自由，和妈妈的关系也越来越亲密。

孔子说："己所不欲，勿施于人"。这里还要说：己所欲，也要勿施于人。因为每个人都有自己的想法和主见，即便是年龄小的孩子也是如此。他们是独立的个人，有强烈的自我意识，并且希望按照自己的喜好来做事，而不是听父母的安排和被摆布。

随着孩子慢慢长大，父母必须给予他们民主、自由，让孩子有决策权、独立性、自主性，而不是打压孩子自主意识，并且强迫他们按照父母意愿来做事。否则孩子就会成为彻头彻尾的妈宝男（女）：他们不知道应该做什么，除非父母明确地告诉他们；他们不知道如何做决定，除非父母帮助他们决断；当然，他们也没有自己的思想，无法自己独立完成很多事情，并无法为自己负责。

相信没有父母愿意看到自己的孩子如此！那么，作为父母，就应该尊重孩子，让他们成为自己的主人。如果你还想把自己的

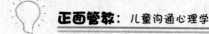

意愿强加给自己的孩子，那么不妨好好读读纪伯伦这首诗。

相信你读了它之后，一定有所感悟。

你们的孩子，都不是你们的孩子，

乃是生命为自己所渴望的儿女。

他们是凭借你们而来，却不是从你们而来，

他们虽和你们同在，却不属于你们。

你们可以给他们以爱，却不可给他们以思想，

因为他们有自己的思想。

你们可以荫庇他们的身体，却不能荫庇他们的灵魂，

因为他们的灵魂，是住在明日的宅中，那是你们在梦中也不能想见的。

你们可以努力去模仿他们，却不能使他们来像你们，

因为生命是不倒行的，也不与昨日一同停留。

你们是弓，你们的孩子是从弦上发出的生命的箭矢。

那射者在无穷之中看定了目标，也用神力将你们引满，使他的箭矢迅疾而遥远地射了出去。

让你们在射者手中的弯曲成为喜乐吧；

因为他爱那飞出的箭，也爱那静止的弓。

4. 粗暴专制，孩子口服心也不会服

俗话说："哪里有压迫，哪里就有反抗"，对孩子的教育也

是如此。你越是粗暴专制地对待孩子，就越会激起孩子的逆反心理。即便孩子表面上服从你的命令，内心也不可能甘心服从，还会对你的专制产生不满、怨恨等情绪。

可是，生活中有很多父母不懂得这个道理。他们总是简单粗暴地对待孩子：只要孩子的一些想法和做法不符合自己的要求，他们就一律拒绝、压制，甚至利用武力对孩子进行高压管制。然而，这不仅不会让孩子屈服于父母的高压管制之下，还会让孩子变得更加我行我素，一旦遇到与自己意见相左的事情就不自觉地排斥、反抗。

所以，父母们应该改变自己的教育方式，不要再用粗暴专制的态度来对待孩子，而是应该采取温和的方式与孩子进行沟通，并给予孩子适当的引导和关怀。

一天放学后，大刚和几个同学约好了，周六先到同学家打羽毛球，然后再一起做功课。周六早上吃饭之后，大刚刚要出门，爸爸就问道："你去哪里？"大刚把自己的计划说了出来，谁知还没说完，爸爸就大声呵斥地说："不许去，给我在家里好好写作业！你们几个小子到一起还能好好学习？肯定开始疯玩了！"

大刚解释说："我们已经约好了，而且几个人做作业还可以互相商量，讨论做题的思路。"

可爸爸却不理这些，他仍声色俱厉地说："有什么可商量的！你们小孩子要什么把戏，难道我不知道吗？"

大刚着急地说："我们真的去做功课！"

爸爸看大刚不听话，便严厉地说："就算你去做功课，也不许去！你自己在家做！"

大刚妈妈刚想替孩子说几句话，爸爸就冲着妈妈喊道："你就知道纵容他，简直太不像话了！今天我说了不许去，就不能去！你们谁也不要想着造反！"

大刚看着这样粗暴专制的爸爸，心里感到非常难过。他心想：为什么你非要命令我？难道我自己的事情不能自己做主吗？为什么你总是对我的事情粗暴地干涉？我长大了一定要摆脱你的控制？

很显然，大刚爸爸的教育方式和沟通方式都是错误的，其结果显然也是失败的。大刚虽然迫于爸爸的威严，暂时服从了命令，却口服心不服。所以很多时候，他有什么事情都不和爸爸说，而是偷偷地做着一些决定。不仅如此，他开始慢慢地疏远爸爸，即便有困难，也不会向爸爸求助。

谁也不喜欢被简单粗暴地对待，谁也不喜欢和专制的人交往，孩子更是如此。他们对专制的父母只有反感，虽然表面上可能表现得"百依百顺"，内心却已经翻腾着反抗的情绪。

同时，粗暴专制的父母从不把孩子当成是独立的个体，而这种不尊重孩子的方式，很难让孩子尊重并信任父母。在孩子内心中，父母就是可怕的"独裁者"，他们剥夺了自己的独立空间、自由，以及说话做事的机会。

因此，粗暴专制只能把孩子推得越来越远，让孩子越来越排斥父母，或是弄得孩子见父母如同老鼠见猫一般。如此一来，亲子之间如何谈得上沟通，又如何谈得上亲密无间呢？在这样环境下成长的孩子，如何爱自己的父母？又如何与父母更好地沟通呢？

父母们应该清醒了，不要让自己粗暴专制伤害了孩子。应该给予孩子尊重，心平气和地和孩子沟通，如此一来，孩子才能心服口服，并且真正喜欢并尊重自己的父母。

5. 交谈时，给予孩子和自己争辩的权利

很多父母认为，孩子还小，应该听家长的话。如果孩子与父母争辩，就是不听话、犟嘴，就是不尊重父母的表现；如果孩子和自己争辩，就意味着自己的权威受到了挑战。

可这种想法是非常错误的，孩子也有自己的想法，也有说出自己想法的权利。父母不能有这样的想法：我是家长，我说了算；你是孩子，听家长的就对了！

事实上，允许孩子争辩，对于孩子和父母都是有很多益处的。允许孩子争辩，就意味着父母单向的说教变成了双向的沟通。而当单向说教变成了双向的沟通，父母就会越来越尊重孩子，并且开始重视孩子的自由和民主，从而逐渐得到孩子的尊重和爱戴。而对于孩子来说，争辩会让孩子敢于发表自己的想法，变得越来越自信、独立。

正如德国心理学家安格利卡·法斯博士所说的话："隔代之间的争辩，对于下一代来说，是走上成人之路的重要一步。"

因此，不管什么时候，即便孩子做错了事情，父母也要给孩子争辩的机会，听听他要说什么，听听他如何说。

俊俊妈妈平时工作很忙，孩子只能是交给奶奶照顾。虽然奶奶照顾得很周全，但是孩子还是渴望和妈妈交流。只是俊俊妈妈平时太忙了，很少有时间和俊俊好好地交流，并习惯了用命令的口吻来和孩子说话，这导致亲子关系逐渐出现了裂痕。

一天，妈妈下班回到家，看到一只狗在家里乱窜，把家里搞得乱七八糟的。妈妈大声训斥俊俊说："你怎么把这只狗抱到家里来，看把家里弄得乱七八糟的！这是哪里捡的，简直脏死了，赶紧把它丢出去！"

俊俊立即解释说："这不是捡的，是邻居阿姨家送的……"

俊俊还没有说完，妈妈就打断他说："不管是捡的，还是别人送的，我们家都不许养。你现在还需要奶奶照顾，难道你会照顾宠物吗？"

俊俊说："我可以照顾的。再说了……"

妈妈不耐烦地说道："你不要再狡辩了，我说不许就不许！明天你就把它送回邻居家！"

俊俊听妈妈根本不听解释，便生气地大声喊道："你怎么不听我说话呢！我有养宠物的权利，你不能这么霸道！"

这一下，妈妈更生气了："你还和我说起权利了！你这么小，有什么权利？你虽然有权利，但是我是妈妈，有管教你的义务！你再不听话，我就揍你了！"

俊俊感受到了妈妈话语中的威胁，也不甘示弱地说："你打我是犯法的，《未成年人保护法》不许打孩子！"

妈妈实在忍不住了，便狠狠地打了俊俊一顿。而俊俊一边哭一边控诉妈妈不讲道理、太霸道了！

事后，奶奶对妈妈解释说："你错怪孩子了！他要养这只小狗是为了我。你们平时工作忙，孩子每天也都会上学。他觉得我一个人在家太闷了，所以才向邻居要了这只小狗。如果你实在不喜欢，可以好好和孩子说，让孩子明天把它送回去。"

　　这时候，妈妈很后悔自己没有给孩子争辩、解释的机会，自己认准了孩子做错了事情，于是就不由分说地让孩子服从自己的命令，又因为自己是家长，他是孩子，所以无法容忍孩子和自己争辩。以至于为了维护自己的威严，动手打了孩子。

　　很多父母像俊俊妈妈一样，习惯了"以身份压人"，只是想让孩子服从自己的管教，却不懂得给孩子争辩的机会。可孩子受到批评的时候，为什么不能为自己辩解？孩子有不同意见的时候，又为什么不能发表自己的看法呢？就因为他是孩子，所以就失去了为自己争辩的权利？

　　事实上，有分歧就有争辩。对于孩子来说，有机会和父母争辩，可以让他们更加自信、自强，而争辩得胜还可以让孩子获得一种成就感。可如果父母总是打断孩子说话，并不允许孩子为自己争辩，那么孩子的思想就无法表达出来，父母也无法真正了解孩子的想法和意见，从而无法给孩子正确恰当的引导。

　　因此，聪明的父母总是能够给孩子为自己争辩的权利，并且积极为孩子营造一个自由发言、大胆发言的环境。在争辩的过程中，他们不会"以权压人"，更不会对孩子说："我是家长，你必须听我的！"他们善于循循善诱，以理服人，更善于引导孩子发表自己的言论。

当然，聪明的父母也善于认错，如果在争辩的过程中，他们发现自己错了，就会及时向孩子认错、改错，不会因为怕丢了面子而"死鸭子嘴硬"。

所以，让广大的家长们向这些聪明的父母学习吧！相信，当你这样做了，你与孩子的关系会越来越和谐，沟通也会越来越顺畅！

6. 孩子的事情，尽量多和孩子商量

很多父母习惯替孩子做决定，即便是孩子自己的事情也不和孩子商量。如果有人提出了异议，他们就会说："孩子还小，什么也不懂，有什么可商量的。"于是就出现了这样的情况：孩子明明喜欢画画，可妈妈却给他报了钢琴班；孩子本来想要去公园玩，可是妈妈偏偏带他去图书馆。

这些父母没有意识到，孩子虽然小，但是也有自己的想法，也需要为自己的事情做决定。而如果这些想法长时间得不到父母的关注，孩子无法选择自己喜欢的事情，那么他们的自主意识就受到抑制，自信心就会受到打击，从而失去了判断和选择的能力。长大之后，父母想要孩子自己做主，也不是容易的事情了。

同时，如果父母凡事不和孩子商量，孩子总是被强迫做自己不喜欢做的事情，而他们的反抗也没有什么效果的时候，就会对父母产生很大的敌对情绪。

所以，作为父母应该尊重孩子的想法，遇到孩子的事情，尽量多和他们商量。如果孩子的想法是正确的、合理的，就应该让孩子按照自己的想法去做。

10岁的王海暑假期间喜欢上了羽毛球，尽管技术还不熟练，但是每天下午都会到体育场努力练习，希望能够参加学校组织的羽毛球比赛。他还把林丹视为偶像，时常找林丹比赛的视频来看。

可是，王海爸爸却对羽毛球一点都不感冒，他说："羽毛球有什么意思，你要练就应该练足球。"原来王海爸爸是十足的足球迷，每当世界杯、欧冠、英超赛事打响的时候，他就会满怀热情地坐在电视机旁，为自己支持的球队助威呐喊，甚至还时常到现场去观看中超联赛。所以他希望自己的儿子能够和自己一样，喜爱足球，并且成为一名球员。

当学校组建校足球队的时候，王海爸爸第一个给孩子报了名，希望孩子能够成为校队的一员。王海知道之后，非常气愤地说："爸爸，你为什么不和我商量就给我报了足球队？我不喜欢足球，那只是你喜欢的东西！我喜欢羽毛球，我要练习羽毛球！"

爸爸说："你小孩子懂什么！足球多帅气啊！而且这项运动比较有前途！"于是，爸爸便强迫孩子参加了校足球队。可由于王海并不喜欢足球，所以训练也非常不积极，还想方设法想要逃离那里。

后来他想到了一个好办法：借着练习足球的名义，偷偷地到体育场练羽毛球。结果，王海爸爸很快就知道了这件事情，严厉地批评了他。

王海不服气地说："我就是喜欢羽毛球，是你不经过我同意就给我报足球队的！你喜欢足球，那你就自己去啊！为什么总是强迫我？"听到这话，爸爸只好无奈地打消了让孩子练足球的想法。

没错，对于自己的事情，孩子有发言权和选择权。尽管他们的选择不一定每一次都正确，但是作为父母，应该尊重孩子的选择，而不是打着为他们好的名义替他们做决定，或是强迫他们去做自己不喜欢的事情。

父母们应该尊重孩子的每一个想法，给孩子自主决定的机会。关于他们自己的事情，父母要尽量和孩子多商量，征得孩子的同意。如果父母担心孩子做错了决定，那么可以在尊重孩子意愿的基础上，对孩子进行合理的引导。

在生活中，父母应该多和孩子说："孩子，这件事情爸爸妈妈想听听你的意见！""孩子，这个问题很难解决，咱们商量商量吧！""宝贝，你喜欢美术还是音乐，咱们商量一下，看给你报什么培训班！"……

即便是给孩子买玩具，父母也应该问问孩子是喜欢芭比娃娃还是毛绒玩偶。只有这样，孩子才能成为一个独立、有主见的人。只有这样，父母才能更加了解孩子，并且与其进行良好的沟通。

7. 允许孩子有想法，和孩子一起探讨交流

亲子沟通最怕的是强迫。父母强迫孩子听自己的意见，一味地压制孩子的一些想法行为，是不尊重孩子的表现。

因为面对多彩的世界，孩子有诸多自己的想法是非常正常的事情。这时候，父母应该多多考虑孩子的感受，允许孩子说出自己的想法，然后与孩子共同探讨交流。

如果孩子的想法合理、可行，父母就应该心甘情愿地接受孩子的意见，让他们大胆地为自己做主。即便孩子的想法有些可笑或是不合理，父母也不应该嘲笑孩子，或是用父母的权威压制孩子，而是耐心地给予孩子引导，让孩子心甘情愿地接受你的意见。

李青是一位开明的母亲，平时非常重视与女儿倩倩的沟通，不仅认真倾听孩子的心声，还非常尊重孩子的想法。不管遇到什么问题，她都会与孩子共同探讨，然后让孩子在探讨中加深对问题的认识，从而做出正确的决定。

一次考完试后，李青对孩子说："倩倩，你这次考试又退步了。上次你考了班级第三名，可这次却考了第五名。怎么回事呢？"

倩倩听完，乐滋滋地说："妈妈，退步只是表面上的问题，实际上我是进步了。"

李青不理解地问："你明明退后了两名，怎么能算是进步

了呢？"

倩倩解释说："那是因为我分数比上次考得高。上次语文成绩是89分，而这次却是93分，整整提高了4分。而且我这次作文也是大有进步，上次被老师扣了8分，而这次只被扣了2分。英语也是如此，英语作文只被扣了2分，老师还说我语法和词汇都有进步。只是因为别的同学超常发挥，我数学又有两道题算错了，所以才会导致排名落后了。"

听了倩倩的话，李青也认为有些道理，便说道："嗯嗯，你确实有所进步。不过你找到数学那两道题算错的原因了吗？"

倩倩吐了吐舌头说："是因为我有些马虎了，只要我以后认真一点就好了！"

李青温和地对孩子说："既然你已经找到错误的原因，就应该避免再次发生同样的错误。你平时有马虎的毛病，这可要不得啊！不过你语文和英语成绩都提高了分数，而且整体分数也有所提高，是非常值得表扬的。今天妈妈做好吃的来犒劳你！"

倩倩高兴地说："真是太好了！妈妈，你就相信我吧，以后绝对不会再马虎了！"

虽然孩子的思维方式与大人是不同的，想法也可能千奇百怪，但是父母也应该抱着尊重的态度来对待孩子，站在孩子的角度来理解他们的想法，并且遇到了问题，尝试着和孩子一起探讨交流。

看到孩子名次退步了，李青并没有直接批评指责，而是询问孩子是什么缘由。而听到孩子说自己并没有退步而是进步了的时候，李青也没有强势地说"退步就是退步，怎么还狡辩"，反而给孩子说出自己想法的机会，并且指出了问题所在。如此一来，在讨论和交流的氛围下，李青与孩子的沟通才得以顺利进行，并让孩子真正认识到自己的问题。

试问，如果李青没有给孩子说话的机会，只是批评指责她，那孩子会有什么样的反应呢？孩子肯定会产生委屈、不服气的情绪，从而拒绝和妈妈交流，使得亲子关系变得更为紧张。

亲子沟通是以互相尊重为前提的，孩子尊重父母，父母也应该尊重孩子。面对孩子的不同想法，父母不应该呵斥"你胡说八道什么"，更不应该对孩子的话置之不理。

不管孩子说的话有没有道理，父母都有给孩子发表想法的机会，并且和孩子积极地探讨交流。只有如此，亲子之间才能建立良好的沟通，孩子才能更健康地成长。

8. 就事论事，不要总是翻孩子的旧账

不妨想想，在与孩子沟通的时候，你是否和孩子说过这样的话：

"你看！说过你很多次了，你还是犯这样的错误！上次也如此，上上次也是如此……"

"你为什么总是不小心！昨天不小心打翻了花瓶，前几天……"

"我都跟你说过了……你现在又……"

"你说你上次怎么和我保证的？这次又……"

……

以上类似的话，都是父母和孩子翻旧账的开场白，也是父母埋怨和指责孩子的开端。事实上，很多父母都习惯和孩子翻旧账，比如考试没考好，父母就会数落孩子一番，把上学期甚至是几年前的旧账都翻出来；比如孩子撒了谎，那么父母就会抓住孩子的"把柄"，时不时拿孩子撒谎的事情来说事。

父母翻旧账的目的无非是提醒孩子：你犯了错，应该重视起来，不应该再犯这样的错误。父母以为这样孩子就会尽快认识自己的错误，及时给予改正。但是结果往往事与愿违，父母越是喜欢翻旧账，孩子就越不容易改正错误，还会滋生逆反心理，越来越不听父母的教导。

因为没有谁愿意被人揭伤疤，也没有谁愿意被全盘否定。当父母翻旧账的时候，实际上是对于孩子进行一次次负面心理暗示，一而再再而三。这时，孩子就会产生这样的想法：我以前是做错了，可是我已经改正了，也接受批评了，为什么父母还揪住不放呢？既然我怎么努力，父母都只记住我的缺点和错误，那么我还努力什么？结果，孩子就开始自暴自弃，对父母的教导不放在心上。

一年级的小军是一个顽皮的孩子，学习成绩不算好，还时常惹是生非。可自从升入二年级以来，小军变得乖巧了很多，学习有了一些进步，也不刻意在课堂上捣乱了。小军爸爸妈妈感到非常欣慰，说孩子终于懂事了。

一天，妈妈又接到了老师的电话，说小军与隔壁班同学发生了矛盾，还把人家的鼻子打破了。妈妈立即赶到老师办公室，给人家家长赔了半天不是，并且还赔偿了医药费。

回到家后，妈妈火冒三丈，生气地说："我以为你变得懂事了，谁知又开始惹是生非！你说说你，你以前不是捣乱就是欺负同学，哪一次不是我在后面给你解决！你能不能听话一些，实在是太令人操心了！"

听了妈妈的话，小军也忍不住了，大声喊道："我不是改变很多了吗？这次是他先推我的！你为什么不听我解释？为什么总是翻我旧账！是啊！我就是一个坏孩子！我就知道惹是生非，既然你对我这么不满意，那就别要我了！"说完，小军就气呼呼地回屋了。

小军以前确实是令人头疼的孩子，这次的错也犯得也有些过火。可父母应该就事论事，引导孩子认识和改正错误，更应该看到孩子的进步，而不是一味地翻旧账，全盘否定孩子。正是因为如此，才激起了孩子的不满和逆反情绪。

以前的事情过去了就是过去了，孩子已经承担了应该承担的惩罚。当孩子改正了、进步了，那么做错的事就应该"结案了"，不能总是被拿出来反复提起。如果每次犯错，父母都把问题进行叠加，那么父母也会失去了引导孩子的耐心，孩子的心理也会变得越来越沉重。如果父母总是记着孩子以前不好的地方，时不时翻旧账，那么孩子就会永远在父母面前抬不起头来，这会严重打击孩子的自信和自尊。

同时，孩子还会因为想要摆脱父母这种无休止的说教，开始疏远父母，从而拉远亲子之间的距离。

因此，作为父母，要学会原谅孩子的错误，不要揪着孩子的错误不放，更不要把它变成指责孩子、否定孩子的工具。应该学会就事论事，明确地指出孩子错误之处，然后心平气和地引导孩子改正错误。

9. 千万别让你的话，毁了孩子的自尊心

作为父母，没有谁愿意自己的孩子受到伤害。如果有人想要伤害自己的孩子，父母一定竭尽全力去保护、去斗争。可很多父母不知道的是，很多时候自己却是伤害孩子最深的人。那些随口说出的话直接深深地伤害了孩子幼小的心灵，让孩子逐渐失去了自尊、自信。

因为在日常生活中，有些父母时常随口说出这样刻薄的话：

"你真是笨死了！这也做不好，那也做不好，你到底还能做什么！"

"我不要你这么不听话的孩子，现在你赶紧滚出去！"

"你简直就是一无是处！"

"你看看你这画的是什么？真是一点天分都没有！"

"不可能！我家孩子什么样我不知道吗？他怎么能取得好成绩，上次期末考试才勉强及格！他就不是读书的料！"

……

当父母口无遮拦地说出这样的话时，再看看被指责的孩

子，他们可能只有一个反应——低着头，眼里含着泪水，不敢说一句话。或许他们的心里在想："我简直太差劲了！爸爸妈妈不喜欢我。""我什么也做不好，总是惹爸爸妈妈生气，我是罪恶的！"时间长了，这些孩子的自尊心受到了严重伤害，内心也感到非常痛苦，甚至变得越来越自卑、冷漠。

因此，在与孩子沟通的时候，不管孩子犯了什么错误，也不管你自己有多么愤怒，作为父母的你都应该控制自己的情绪，管好自己的嘴巴，千万不要说出伤害孩子的话。

青青是一个文静的女孩，性格非常自卑、懦弱，可以说有些自闭的倾向。为什么如此？孩子不应该是快乐、自信的吗？

这完全是因为青青的妈妈采取了错误的教育方式。青青的妈妈非常喜欢唠叨，每天都在孩子的耳边说："你一点都不争气，学习成绩不好，没有一点上进心。其他方面也是一塌糊涂。""你没有什么特长，以后你还能做什么啊！我真是为你感到操心！"

青青一旦犯了一点小错误，妈妈就会指责她说："你这也做不好，那也做不好，我还指望着你做什么！"

青青不敢和妈妈争辩，害怕换来妈妈更严厉的批评。她只能用写日记来表达自己的心声：今天妈妈又说我"没用""不争气了"，我承认有些事情我做得不够好，还会犯一些错误，可是我真的一无是处吗？我也努力改变了啊，可是妈妈为什么看不见我的成绩呢？

我或许就是最笨的人吧，做什么也做不好，永远也无法得到妈妈的认可。我这么没用，妈妈肯定非常讨厌我。我究竟应该怎么做？我是不是这辈子都这么失败？……

　　青青的这些心里话，真的让人感到心痛不已。显然，青青妈妈是不合格的母亲，她的说话方式让孩子陷入了困境，并且让亲子关系降到了冰点。如果她的妈妈不改变自己的教育方式，继续用话语来伤害孩子的自尊心，那么青青的人生恐怕是没有什么希望了。

　　一个人最重要的是什么？当然是尊严！孩子虽然小，但是有非常强的自尊心。一个在羞辱中长大的孩子，他的自尊是残缺的，他的内心是自卑的。青青妈妈那些难听的话，或是嘲讽或是指责，彻底把孩子的自尊心毁灭了，从而让青青成为一个自卑、自暴自弃的人。

　　而可悲的是，很多父母都像青青妈妈一样，用自己的话深深地伤害着孩子，却还不自知。当你对孩子说："你真是笨死了，连一件小事都做不好！"你是否想过孩子之前做过多少努力？你是否想过孩子有多希望得到你的肯定和支持？你又是否想过，你的否定给了孩子多大的打击？你又是否想过，你的否定就是摧毁他自尊心的"毒药"？

　　事实上，没有谁的话比父母的话对孩子的影响更大。正面积极的话语，会让孩子越来越自信、越来越优秀；而负面消极的话语，却让孩子越来越自卑，毁了孩子的自尊心。

　　因此，父母应该注意自己的言辞，多给予鼓励和支持，少说否定、刻薄的话。如此一来，孩子才能健康快乐、自信地成长。

第四章

四大决定性因素：
端正态度，将正面管教落到实处

在孩子犯错时，我们听到最多的就是父母对孩子的训斥，看到最多的就是父母对孩子的惩罚。可实际上，这些做法都是负面的管教，不仅不能解决问题，反而会影响孩子对问题的反思。

孩子需要的是正面管教。所以在与孩子进行沟通的时候，父母应该端正自己的态度，少给予孩子训斥、打骂，多给予孩子关注、理解、信任。

1. 控制自身情绪——别让怒火烧毁亲子关系

愤怒是人们最基本的情绪表现之一，很多人无法控制自己的愤怒，尤其是一再被别人刺激的情况下。作为父母也会如此，孩子淘气、犯了错误，或是性格执拗、有错不改，都会让父母忍不住想要发火。

因此，我们时常看到这样的情形：孩子犯了错误，妈妈开始还是耐心地叮嘱，反复地劝导，可孩子还是我行我素，于是妈妈变得非常气愤，并由气愤转为大吼大叫，甚至会气急败坏地把孩子打一顿。然后这些父母还会无奈地说："我也不想对孩子发火，但是孩子总是逼我发火。"

可父母们应该知道，孩子犯错是在所难免的，正所谓：不犯错，长不大。而如果父母总是不能控制自己的情绪，那么就让怒火烧毁了父母与孩子之间的亲密关系，并且给孩子的心理健康带来严重的伤害。

丽丽妈妈是一个风风火火的女子，脾气暴躁无比。做了妈妈之后，她的脾气也没有什么改善，时常因为一些小事对孩子发脾气。

一天，丽丽妈妈和几个闺蜜聚会，在吃饭的过程中，丽丽不停地玩餐具，把杯子、勺子放到盘子上，然后再一个个拿到桌子上，如此反复。丽丽妈妈忙着和闺蜜们聊天，也就没有太在意这些，任由孩子玩个够了。

吃饭的时候，丽丽妈妈开始给孩子倒饮料、夹菜，可是丽丽的心思根本没有在吃饭上，还是一心摆弄自己的杯子和勺子。突然"啪"的一声响，装满饮料的水杯掉到地上，摔得粉碎。

丽丽妈妈怒气冲冲大声喊道："和你说过几次了，不要玩餐具，好好吃饭，你就是不听！"丽丽低着头，眼里含着泪，不敢说一句话。丽丽妈妈越说越生气，如果不是闺蜜拦着，恐怕就会打丽丽一顿。

其实，由于妈妈脾气暴躁，丽丽本来胆子就非常小，看到妈妈不高兴就唯唯诺诺的。结果，整个晚上丽丽都是流着泪度过的，饭都没有吃好。

孩子的内心是脆弱的、敏感的，如果父母时常对孩子发火，一旦孩子犯了错就大声地责骂，甚至是一顿打，那么会给孩子心理造成很大的伤害。

父母的怒火会让孩子产生恐惧、自卑、胆怯等心理，一旦看到爸爸妈妈脸色稍有不对，或是一旦遭到爸爸妈妈的批评就会心生恐惧。时间长了，孩子会对自己产生怀疑，不管做什么都唯唯诺诺的。

一位妈妈就曾经说："发脾气是教育的最大死敌，脾气越大，教育效果越差。"所以，不管孩子是否犯错，犯了多大的错，父母都应该控制自己的情绪，尽量用温和的态度来指正孩子的错误。

具体来说，父母们应该如何做呢？

1. 怒火中烧时，记得要深呼吸，转移自己的注意力

当父母们发现自己已经怒火中烧时，可以尝试深呼吸，放慢说话的速度，降低说话的音量，然后对自己说："冷静下来！冷静下来！"反复深呼吸之后，便可以控制自己的情绪，让自己的内心平静下来了。

如果这样做还是没有什么效果，可以转移自己的注意力，或是离开孩子，到房间内冷静十几分钟。还可以给自己倒一杯凉水或冰凉饮料，来让自己冷静下来。

当然，还可以选择让自己的怒火发泄出去，比如把自己关在房间内，通过捶打枕头来发泄情绪。

2. 管不住自己的情绪，就管住自己的嘴巴

人在愤怒等负面情绪的影响下，通常都无法保持理性，温柔地和对方说话。如果孩子已经让你气得脸红脖子粗，那么你就应该尽量闭上嘴巴，不要再说什么话。

等到自己冷静下来之后，再和孩子沟通，指出他的错误，引导他改正错误。

3. 停止吼叫，温和地对待孩子

大声吼叫是发怒的前兆。当孩子做不应该做的事情时，父母通常会通过吼叫的方式制止孩子，警告孩子什么事情是不被允许的。可这样的吼叫除了让自己更生气外，对于孩子的教育没有任何好处。

时常被父母吼叫的孩子，会产生"免疫力"——你吼你的，我做我的，这样反而会更加剧父母的愤怒程度。所以，作为父

母要避免对孩子大吼大叫，尝试用温和的方式来引导孩子。

总之，父母们要懂得控制自己的情绪，不要随便对孩子发火，否则自己的怒火不仅会烧毁亲子之间的关系，更会摧毁孩子幼小的心灵。到那时，再后悔也晚了！

2. 打骂教育，既伤孩子又没实质效果

在中国传统教育中，很多父母都信奉一条箴言即"三天不打，上房揭瓦"。还有些父母错误地认为"棍棒底下出孝子"，想要孩子尽快地成才，就必须严加管教，做错了事情就应该打，否则孩子不能吸取教训。

可实际上，不管是什么原因，父母时常打骂孩子都是错误的教育方式，这不仅会伤害孩子，对于教育孩子也没有什么实质性的效果。

婷婷虽然只有8岁，性格却非常叛逆，在学校不认真听课，时常与同学发生矛盾；在家里妈妈说她一句她顶两句，对爸妈的批评置若罔闻。

可这又能怪谁呢？这都是父母的教育方式不恰当而导致的。只要婷婷一犯错误，父母就会大发脾气，甚至时常用打骂来惩罚孩子，导致婷婷变得越来越叛逆。

小时候，婷婷在家里玩玩具，不小心把玩具摔坏了。妈妈看到后，便大声吼道："这是怎么回事？你为什么这么不小

心！"婷婷当时胆子比较小，对于妈妈发脾气感到非常害怕，便低声说："我不是故意的，我也不知道……"

妈妈不但没有原谅孩子，反而大发雷霆地骂道："新买的玩具，你就给摔坏了！真是太气人了！……"妈妈越说越气愤，便打了婷婷几下屁股，还让她站在墙角面壁思过。诸如此类的事情时常发生。

到了小学时，婷婷有了自己的想法，开始对妈妈的打骂产生了抵触心理。一天，婷婷放学之后，在外面玩了很长时间，直到7点才回来。一回家，她就看见妈妈板着脸，坐在沙发上等着她。她知道自己理亏，便想要主动向妈妈认错。可她还没开口，妈妈便大声吼道："你还知道回来啊？这都几点了，也不知道回家？真是'三天不打，上房揭瓦'！"

婷婷听了妈妈的话，愧疚感一下子就没有了，她故意说道："我就是故意不回来的！你不是讨厌我吗？我不回来你还不高兴啊！"

妈妈一听婷婷竟然敢犟嘴，就随手拿起了沙发上电视遥控器，向孩子身上扔去。谁知正扔到婷婷的头上，婷婷哭着说："你就打死我吧！反正我也不想要你这个妈妈！"

就这样，婷婷和妈妈的矛盾越来越深，妈妈依旧没有认识到自己的错误，而婷婷也越来越叛逆。

显然，婷婷妈妈不是一个合格的母亲，她对孩子缺少耐心和关心，一味地想要通过打骂来管教孩子。结果不仅没有起到好效果，反而让孩子越来越叛逆，使得亲子关系出现了严重的裂痕。

生活中，不乏像婷婷妈妈这样的父母，他们认为想要在孩子面前树立威信，就应该让孩子怕自己，就应该对孩子严格管教。可是，父母们要知道，威信并不是通过打骂孩子来实现的。打骂确实会让孩子畏惧父母，但是这种畏惧是短暂的。时间长了，孩子就会产生逆反心理，不仅不再惧怕父母的打骂，还会想办法和父母对抗。

而对于那些性格内向、胆小的孩子来说，打骂的伤害更大。孩子的内心是非常脆弱的，粗暴打骂和过度恐吓会让孩子过度紧张，产生恐惧感，甚至让孩子长期处于恐惧不安的状态中。

那些经常被打骂的孩子，会很没有安全感，会突然变得焦虑不安、精神紧张，甚至产生自卑、懦弱、孤僻的心理。

更为严重的是，打骂不仅会影响孩子与父母之间的沟通和感情，还会让孩子内心滋生仇恨的心理，对父母、别人乃至社会产生仇恨心理。我们时常可以看到，那些行为暴躁、仇恨社会的罪犯，大多是因为小时候遭到了父母的打骂、粗暴对待，甚至是虐待。

有教育学家说：打骂孩子，是父母无能的表现，还可能引起孩子对父母的蔑视，使得父母威信扫地。一旦孩子形成了"你错了，我就打你"的错误观念，就会用同样的方式对待父母、朋友，甚至是下一代，将来成为暴力型父母。

所以，不管到什么时候，父母都不要轻易地打骂孩子，更不能通过打骂孩子来发泄自己的怒气。作为父母，应该把更多的爱、耐心、包容给自己的孩子，千万不要让孩子生活在粗暴的教育之下。

3. 就算孩子犟嘴，你也不能大发雷霆

孩子犟嘴是让很多父母最伤脑筋的事情：你说东，他非要说西；你批评他一句，他却用三四句话来顶你。于是，这些父母便认为孩子是故意和自己过不去，便对着孩子大发雷霆。

事实上，孩子每次犟嘴都不是故意和父母作对，而是因为他们觉得父母总是不尊重自己的意见，或是总是唠叨自己。

当孩子听到你总是大声说"你做错了""你为什么不能按照我的意思去做"的时候，他怎么能不为自己辩解几句？当你告诉孩子去做他并不喜欢的事情，或是限制孩子的一些行为时，他又怎么能不发几句牢骚和抱怨的话？

所以，作为父母，当遇到孩子犟嘴的情况时，不能冲动地冲着孩子发火，不分青红皂白地训斥孩子，而是应该让自己冷静下来，想想孩子为什么会这样做，自己是不是有做得不对的地方。如此，父母才能真正解决孩子犟嘴的问题。

一天，亚楠和同学亚丽一起回家做功课，完成功课之后便和亚丽一起打游戏。正当她们玩得高兴时，亚楠妈妈下班回来了，亚丽和亚楠妈妈打了招呼就离开了。

亚楠妈妈送走了亚丽后，便板着脸对亚楠说："你今天怎么又和同学打游戏？我跟你说过多少遍了，不要总是打游戏？你怎么就是不听呢？"

亚楠急着辩解道："我们已经做完功课了！再说了，我们都学习一整天了，想要休息一下，怎么就不可以呢？"

妈妈听了亚楠的话，一下子怒火就上来了，打断亚楠的话说："你还犟嘴？贪玩就是贪玩，怎么还找这么多借口！你不把心放在学习上，整天就知道玩，成绩怎么能提高？怎么能考上好的学校？"

亚楠听了觉得很委屈，反驳道："我怎么就整天贪玩了？我就玩了一会儿游戏，怎么了？再说，难道我学习还不够努力吗？难道非要我 24 小时都学习，你才满意吗？"

妈妈一看亚楠这么无礼地和自己讲话，气得拍着桌子说："你就是应该好好学习，不能玩游戏！玩物丧志，你没听说过吗？"

亚楠理直气壮地说："难道我就不能有自己的时间？就不能休息一会儿？我看你都没拿我当孩子，我就是一个学习机器！你一点都不关心我，只是关心我的成绩！"

妈妈被孩子反驳得无话可说，只好气急败坏地说："你现在越来越不像话了！我刚刚说你一句，你就犟嘴十句。难道我还管不了你了？我是你妈，你必须听我的！"

亚楠听妈妈这么不讲理，便哭着说："大人就可以不讲理？我就玩游戏，看你能把我怎么着！"说完，"砰"一下把门关上，愤怒地走进了屋子。

事后，亚楠妈妈和爸爸抱怨说："现在孩子为什么这么爱犟嘴！难道真的管不了了？"

像亚楠家里这样的事情，相信很多家庭都发生过，而且还频繁地发生。为什么会这样呢？

就是因为父母们总是以自我为中心，不给孩子们说话的机会，也不给孩子相对的自由和信任，所以孩子才会以这种方式来争取自己的权利。如果父母能够控制住自己的情绪，不是动不动就发火，并且不把孩子的辩解当作是顶嘴，那么问题或许就可以迎刃而解了。

下面是为父母们提出的两个建议，或许可以缓解亲子之间的紧张关系。

1. 父母不要太专制，不要直接否定孩子的想法

很多父母一听到孩子的意见与自己的意见不符合，就会大声训斥："你是错的，你必须听我的！""你为什么这样做？你应该……"

结果，这样的专制言行更容易让孩子产生反抗心理，用顶嘴来反驳父母的话。所以，即便孩子的想法是错的，父母也应该给他倾诉的机会，不要随意采取强硬手段。

2. 不要简单粗暴地对待孩子的顶嘴

不要把孩子的不同意见当成是顶嘴，也不要把孩子的辩解当作是故意和父母作对。

即便孩子有顶嘴的问题，父母也千万不要过于急躁，更不能听到孩子顶嘴就大发雷霆。因为这样做，只能让孩子更不愿意和大人交流，甚至故意和父母对着干，越来越叛逆。严重者还会封闭自我，变得孤僻不合群。

4. 孩子最需要的，是爸爸妈妈的理解

人们常说，尊重和理解孩子，是父母最大的教养。可这话说起来容易，做起来却很有难度。

现在的父母们每天有很多工作要忙，又要处理家庭琐事、孩子生活和学习等等，很难有足够的时间和耐心和孩子交流、沟通。在这种情况下，父母与孩子之间自然就会产生沟通障碍：父母觉得孩子不理解自己的良苦用心，而孩子则抱怨父母不理解自己的想法和行为。

父母们总是认为：我们已经给孩子提供了优越的生活条件，可是他们为什么就不能乖巧地听父母的话呢？为什么非要和父母作对呢？

可是，父母不知道自己忽视了孩子心理的需求，没有真正理解孩子内心的感受。随着孩子年龄的增长，心智的成熟，他们需要的不仅仅是物质上的满足，而是渴望父母可以理解自己，能够体会自己内心的感受；不仅仅满足于只听父母的安排，而是渴望独立、自主。

小梦最近和父母的交流越来越少了，每天只是简单地问好，"妈妈，我上学了。""妈妈，我回来了。"周末的时候，小梦不是和同学出去玩，就是在自己屋里看书、做功课。可以前不是如此，小梦以前总是喜欢黏着妈妈，有什么不开心的事情会主动向父母倾诉，遇到了解决不了的问题会找父母商量。

父母不知道小梦心里是怎么想的，可是也不愿意看到亲子关系就这样疏远下去。于是，妈妈找到了小梦的表姐，想让表姐来询问小梦的想法。妈妈说："你们年龄差不多，她又愿意和你亲近，你就帮阿姨打探一下吧！"

经过交谈之后，小梦说出了内心的真实想法。她对表姐说："他们根本不了解我，更不懂得理解我。他们每天和我说：'现在的孩子真是幸福啊！要吃有吃、要穿有穿。''爸爸妈妈辛苦工作就是为了给你提供丰厚的物质条件，你可要努力学习啊！你可要理解父母的苦心啊！'可是他们又理解我的辛苦了吗？难道我每天上学就轻松了吗？每天早早就起床，10点才睡觉，我学习不累吗？他们还给我报那么多培训班，他们不知道我这一天有多累！"

小梦愤愤不平地说："他们根本不知道我心里想的是什么，也不理解我的想法。我喜欢运动，可是他们给我报了美术班、钢琴班，还每天催着我学习。我一点自由时间都没有，就别提什么运动了。他们眼里只有成绩，根本就没有我，只关心我考了多少分……"

小梦的妈妈听了表姐的转述感到非常惊讶，没想到小梦竟然对父母这么不满。他们不禁开始反思：难道自己真的没有做到理解孩子吗？

是的，小梦的父母确实很关心孩子，也为孩子提供了良好的生活、学习条件，但是从孩子的抱怨和反叛行为来看，他们并没有真正做到理解孩子。所以，渴望理解的孩子才会用种种疏远的行为来表达自己的不满。

在家庭教育中，爱孩子是父母最大的责任，但是理解孩子才是父母最大的义务。更重要的是，这也是孩子内心最强烈的渴望。很多时候，亲子沟通之所以出现了问题，因为父母总是从大人角度出发，却没有尝试着换位思考，学着理解孩子的内心的想法。

虽然父母和孩子由于年龄、角度、位置、思想的差距，常常产生不同的感受和想法，但是父母也是从童年成长而来的，也经历过孩子所经历的事情，想要真正理解孩子的想法和感受，并不是非常困难的事情。只要父母能够站在孩子的立场上，真正尝试着了解孩子的内心，便可以做到理解孩子。

而只要父母开始尝试着理解孩子，那么亲子沟通就会变得非常简单，能够轻松地打开一条顺畅的通道。

5. 每一个孩子，都渴望父母的同情心

生活中，我们时常看到这样的情形：孩子受了一点点小伤，就会大哭着寻求妈妈的安慰。当妈妈心疼地说："呀！宝贝受伤了，真是太可怜了！妈妈给吹吹，一会儿就不疼了！"这时候，孩子就会停止了哭泣，心满意足地躲在妈妈的怀抱中，忘记了疼痛。

可是如果妈妈没有对孩子表示关心和同情，只是淡定地说："没关系，就是一点小伤。"那么，孩子就会感到加倍失落，不是大声地哭泣，就是情绪低落一整天。时间长了，孩子就会

觉得父母并不关心自己、不爱自己，即便有委屈也不愿意和父母说了，而且越来越疏远父母。

这是因为每一个孩子都渴望父母的同情心，渴望父母能够体会自己的感受。当孩子感到委屈、身体不舒服，或是疲惫的时候，父母如果能够及时给予安慰，并且协助孩子把内心的委屈说出来，那么，孩子就会觉得自己获得了父母的同情和关注，就会轻易地把内心的负面情绪释放出来。

同时，如果孩子感觉自己被接受、被重视、被同情和关爱的时候，内心就会充满了安全感，并且更愿意与父母亲近，更愿意说出自己的想法。因此，父母们应该多体谅孩子的感受，给予孩子足够的同情和关怀。

妈妈刚进家门，菲菲就扑了过来，向妈妈述说了自己的委屈："妈妈，我今天真的好累啊！老师留了很多作业，我已经写了半个小时，可是还没有写完。我的手已经又酸又累了！"

菲菲说完之后，就仰着小脸等着妈妈的安慰。可谁知道，妈妈却不耐烦地说："小孩子写点作业就喊累，不就是多写几个字嘛，哪有那么累啊？我上了一天班，还没有喊累呢！"

菲菲撒娇地说："可是我今天真的很累嘛！我还有两篇字需要写，之后还要背古诗呢！我们当学生的怎么这么命苦啊！"

妈妈不仅没有安慰菲菲，反而生气地说："你就是太懒了！按时完成作业是学生的任务，你怎么能总是喊累呢？你不好好学习，将来怎么考上好的学校，怎么能有好的前途呢？不要再偷懒了，赶紧去学习！"

菲菲没有想到妈妈会这样严厉地训斥自己，便气冲冲地回到自己房间，连晚饭也没有吃。

试想一下，如果菲菲妈妈对孩子说："孩子，你真是辛苦了！不如好好休息一下吧！"或是"我也知道你累了，可是学习哪有不辛苦的。我给你做好吃的，好好犒劳你一下，怎么样？"相信结果一定会是另一番情景。菲菲不仅可以感受妈妈的理解和同情，更愿意和妈妈亲近，还会更加努力地学习，提高学习成绩的。

父母应该明白，当孩子向父母诉说委屈的时候，内心一定是沮丧、无望的，此时父母最需要的就是给予孩子同情，而不是给予孩子批评，更不应该指责孩子不懂事、太娇气。如此，只能点燃孩子的抵触情绪，让孩子对父母产生更多不满、抱怨的情绪。

所以，当孩子向父母寻求安慰的时候，父母都不能简单地说，"这点小事没有什么大不了的！""小孩子，有什么委屈的！""收起你的眼泪，快睡觉吧！"这样的话无异于关闭了父母与孩子沟通的心门，让父母与孩子越来越疏远。更为重要的是，如果孩子得不到父母的同情和关心，也会逐渐变得缺少同情心和爱心，对别人的痛苦置之不理，甚至养成冷漠、孤僻的性格。

所以，与孩子沟通的一个重要方法，就是理解孩子的感受，同情孩子的感受。这不仅有利于亲子之间建立和谐、亲密的关系，更有利于孩子身心健康的发展。

当然，同情孩子也要把握好尺度，父母要合理化认同孩子的情绪，给予孩子合理的同情，并且给予孩子积极的暗示，以便引导孩子走出消极情绪。否则，过多的同情和宠溺就会让孩子变得脆弱无比，从而成了一个爱抱怨、自怨自艾的人。

6. 孩子得到更多关注，他就会不断进步

孩子与父母之间最大的屏障，就是感受不到对方的"爱"。在成长过程中，孩子最需要的就是父母的爱和呵护，而这些都是通过更多的关注来体现的。

如果孩子感觉不到父母的关注，内心就会产生焦虑感，感觉自己被抛弃、被忽略。当这些感觉长期埋藏在孩子内心时，他们就会产生退缩、逃避、恐惧、冷漠的心理；相反，当孩子感觉到父母的关注时，就会拥有无比的安全感，内心就会变得充盈起来，越来越自信、积极。

很多父母都应该知道一个著名的心理学实验，这个实验是1968年由美国著名心理学家罗伯特·罗森塔尔博士完成的。这一年，他和自己的研究团队来到了加州的一所小学，并且从每个年级各挑选了三名学生。

他对学校的校长和所有老师说，这些学生是从所有学生中特意挑选出来的，他们比任何人都优秀，拥有天生的才华和能力，只不过在学习中还未表现出来。事实上，这些学生并没有什么特别之处，只是罗伯特·罗森塔尔博士从学生名单中随意抽取出来的。

令人震惊的是，在之后的几年后，这些学生都取得了巨大的进步，一些学生的成绩要比其他人高出许多。这是为什么呢？

是因为老师认为这些孩子具有天赋，对他们寄予了很高的期望，并且给予了他们更多的关注。不管是上课还是课下，老师们都关注这些孩子的一举一动，传达出"你很重要""你很优秀""我很看重你"的信息。这样一来，学生们也感受到了老师的关注，内心受到了极大的鼓舞，也变得越来越自信、努力，所以进步要比别人大得多。

关注，是一种爱，更是一种激励。只要得到了关注，孩子就会得到激励，就会越来越进步。

事实上，孩子的成长过程中，从来不缺乏物质的满足，不缺乏知识的灌溉，缺的是父母爱的关注。孩子得到的关注越多，他们就越能得到更多的滋养，内心就越积极向上；孩子得到的关注越多，他们就越能感受到父母对自己的爱，就更信任和父母交流。

不幸的是，很多父母都没有发觉自己对孩子的关注太少了，或是不愿意承认自己忽略了心爱的孩子。他们确实给予了孩子最好的物质条件，却从来没有关注过孩子的内心世界，更没有关注过孩子的情感需要。

玲玲是一个安静内敛的女孩，平时乖巧听话，学习也非常用功，上课认真听讲，作业准时完成。总之，她就是老师和父母的眼里乖巧听话的好孩子。

因为玲玲平时乖巧可爱，父母觉得不用太操心孩子，所以才没有给予孩子太多的关注。可是，他们不知道的是，孩子的内心是自卑的、孤独的。每次看到其他同学有父母陪伴时，玲玲就非常羡慕，希望父母也能够好好陪陪自己，可是父母总是以忙碌为借口拒绝。每次考试前，她都有些心神不宁、食欲不振，玲玲希望父母能安慰安慰自己，可是他们总是催促自己好好学习，催着自己考个好成绩。

结果，玲玲变得越来越沉默内向，考试成绩也逐渐下滑。可她的父母呢？他们却总是埋怨玲玲不努力，根本没有意识到是自己的忽视让孩子发生了改变。

我们总说父母和孩子需要更多情感、心理上的沟通，如果父母不能给予孩子更多关注，又何谈情感的沟通呢？

所以，父母应该尽可能多关注孩子，不仅仅是生活和学习，更应该是情感和内心。即使父母工作再忙，即便孩子再乖巧，也不能忽视与孩子的交流、沟通，更不要忽视了对孩子的关注，别让孩子感受不到父母的爱。

7. 爸妈相互支持，协作是最好的家教

教育学家说："母亲的教育就像阳光，没有阳光孩子就像是生活在黑暗之中；父亲的教育就像是空气，缺少了空气孩子就很难健康地生存。"所以，在家庭教育中，父母要树立正确

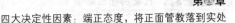
的教育观念，不要让孩子的成长缺少父爱或是母爱。

可现实生活中，很多家庭抚养、教育孩子的责任绝大部分都是由妈妈一人承担的。爸爸在这个过程中，只起到了很小的作用，甚至是全部缺失。环顾四周，大部分孩子的衣食住行，是由妈妈照料的。孩子的学习，是由妈妈辅导；而爸爸则每天在外面忙工作、忙事业，很少参与到孩子的生活和学习之中。

或许很多爸爸会说："我每天都要辛苦工作，想着如何赚钱养家，好给孩子和爱人创造良好的生活环境，哪有时间和精力来教育孩子呢？"没错，爸爸确实承担起了家庭的重担，但是并不意味着没有一点时间来陪伴孩子、教育孩子。只要爸爸们能够从主观上改变自己的思想，便可以安排好工作和家庭生活、孩子教育的时间。

更何况，孩子的成长和教育离不开父母的共同教育。尤其是男孩子，如果缺少了父爱，就会变得过于懦弱、自卑，缺少应有的勇敢、自信，以及阳刚之气。

小米是一个小男孩，可是天生就内向，时不时就哭鼻子。刚刚上幼儿园的时候，他不爱说话，也不爱和别的小朋友玩。更令老师头疼的是，每次遇到什么事情，他都会哭个不停，所以小朋友们都管他叫"小哭包"。

其实，这与小米的成长环境分不开。小米是被妈妈带大的，因为爸爸时常出差，没有时间管教孩子，所以妈妈对小米非常娇惯，结果导致孩子内向、娇气，又缺少男子汉气概。

正如心理学家格塞尔曾说："失去父爱是人类感情发展的

一种缺陷和不平衡。"父教缺失问题将对孩子的教育产生巨大的影响，为孩子的成长埋下巨大的隐患。

所以，在教育孩子的过程中，爸爸妈妈要相互支持，相互协作，共同担负起教育孩子的重任，为孩子的成长发展提供良好的条件。

当然了，由于父亲和母亲的性别、思维不同，所以教育理念也有所不同。比如爸爸提倡严厉，妈妈则认为温和的教育更有效。这就难免产生分歧，但是不管双方的分歧有多大，都不能在孩子面前产生冲突，爸爸说妈妈过于溺爱孩子，妈妈则抱怨爸爸太过于严厉。

因为爸爸妈妈的争吵与不和睦，会给孩子带来直接的副作用，那就是敏感、没有安全感、自卑、懦弱。这样的教育还不如爸爸或妈妈的单方面教育对孩子更有利。因此，在教育孩子的时候，爸妈们一定要私下进行协商，统一意见，并且相互支持、相互协作。

当发现对方和自己意见不统一的时候，不要认为对方故意和自己作对，或是觉得对方的观点就是错误的。父母双方都应该冷静下来，和对方进行耐心地沟通，肯定对方的优点，提出自己的观点，努力达到一致意见。

比如，有个爸爸想要儿子学习跆拳道，觉得这样可以让孩子增强体魄，并且有利于培养孩子的勇敢、坚强的品质。可是妈妈觉得跆拳道是过于激烈的运动，不适合4岁的儿子练习，想要孩子学习钢琴，提升孩子的艺术素养。

虽然两人存在分歧，但是并没有发生激烈的冲突。爸爸说出了自己的想法，妈妈也说出了自己的顾虑，最后经过讨论之后，两人决定：儿子先学习钢琴，等到6岁之后再学习跆拳道。

这两位父母之所以能够和平解决分歧，是因为他们知道彼此的目的都是为了教育孩子，所以懂得倾听对方的理由，了解对方真实的想法。

可以说，爸妈的相互协作是最好的家教。因此，爸爸妈妈不仅要都参与到孩子的教育中来，不让孩子父爱或母爱缺失，更要做到相互支持、相互商量。如此一来，父母才能给予孩子最好的教育，让孩子在良好的家庭氛围中健康地成长，并且形成亲密美好的家庭关系。

8. 与老人做好沟通，避免产生教育分歧

教育理念不同，会存在很大的分歧，这不仅仅是父母之间的问题，也是隔代教育的问题。现在越来越多年轻父母忙于工作，没有时间照顾和教育孩子，于是教育孩子的重任就不可避免地落到了爷爷奶奶、外公外婆的肩上。

然而，由于老人与年轻人观念不同，思维方式不同，再加上更加疼爱、溺爱孩子，所以很容易和年轻父母产生教育分歧。

比如，年轻父母有原则、讲规矩，希望孩子能够养成良好的作息习惯。而老人则比较溺爱孩子，孩子想要做什么就做什

么，想什么时间睡觉就什么时间睡觉；

再比如孩子犯了错，年轻父母就会给予孩子批评教育，严重时还会给予孩子适当的惩罚，以便让孩子记住教训。而老人则更疼爱孩子，生怕孩子受了委屈，所以一旦孩子受到了批评、惩罚，他们就会立即站出来袒护孩子，甚至还会责备年轻父母对孩子太过于严厉；

同时，年轻父母更注重孩子品格的养成、智力的开发，而老人则愿意满足孩子的一切愿望，不管这样做是不是对于孩子有害处……

总之，年轻人和老人之间在教育孩子方面存在着很多分歧，而这些分歧也影响着孩子的成长。如果父母不能很好地处理这些分歧，不仅会引起不必要的家庭矛盾，还会给孩子的成长带来很多的害处。

不妨看看下面的例子：

苏明放暑假了，这让孩子感到非常高兴，因为自己终于可以高兴地玩耍了。可最令他高兴的是，爷爷奶奶要来自己家了。因为爸爸妈妈工作忙，没有办法在假期照顾他，所以爷爷奶奶通常会在暑假期间来照顾他两个月。

苏明父母知道老人疼爱孩子，孩子也时常仗着爷爷奶奶的疼爱"无法无天"，所以事先给孩子定了规矩：这段时间你可以玩，但是一定要把握尺度，不能玩过了头；你每天都要完成学习任务，不能长时间看电视，也不能太晚睡觉；你不能太顽皮捣乱，更不能一闯祸就找爷爷奶奶做靠山。

可是，这些规矩显然没有太大的效果，因为第一天苏明就违反了规矩。爷孙两人一大早就到附近公园玩，直到晚上8点才回来，更别说写作业、做功课了。苏明妈妈虽然有些不高兴，但是碍于老人的情面，就并没有说什么。

第二天晚上9点钟，妈妈催苏明赶紧去睡觉，苏明却耍赖地说："我再看一会儿电视！再看一会儿就睡觉了！"奶奶也说："现在还不晚呢，再让孩子看一会儿吧！反正明天也不用上学。"

妈妈耐心地和奶奶说："虽然明天不用上学，但是也要养成良好的作息习惯啊！"

奶奶却说："就这一两天，没关系的，没关系的！"结果，直到10点半苏明才磨磨蹭蹭地去睡觉。

苏明妈妈知道孩子因为自己不好意思在老人面前发脾气，所以行为才越来越过分，越来越不服从自己的管教。一天孩子竟然买了10根冰淇淋，还一口气吃了三根。而老人呢？他们一味地溺爱孩子，孩子想要什么就给买什么，还时常在自己批评孩子的时候，袒护孩子。

苏明妈妈也知道老人这样做是因为疼爱孩子，仍然觉得老人的教育观念和自己的差别太大了。现在，她真的不知道怎么和孩子沟通，也不知道怎么和老人沟通了。

事实上，在隔代育儿的大家庭里，产生教育分歧是非常普遍的现象。不仅仅是我们上面所说的诸多问题，就连孩子是喝温水好，还是白开水好，这样的小事都存在着分歧。

解决问题的关键就在于父母如何和老人沟通。沟通好了，方式对了，不仅有利于孩子成长，还可以让家庭更和谐、更美满。而沟通不好了，方式不对，则可能让孩子养成不好的习惯，还会导致家庭矛盾。

所以，作为父母，在与老人就孩子教育问题产生分歧的时候，应该懂得几个沟通的技巧。

1. 尊重老人，让老人心甘情愿接受建议

争论或是给老人耍脾气是最坏的解决方法，也是不尊重老人的表现。不管老人做得是对是错，年轻父母都不能和老人争论不休。聪明的父母应该学会耐心地和老人沟通，讲明自己这样做的理由，以及对孩子的好处。

毕竟，所有爷爷奶奶、姥姥姥爷都是爱孩子的，希望孩子越来越好，如果你的建议对孩子好，那么老人一定会心甘情愿地改变自己的做法，并接受你的建议。

2. 找专家，借专家的嘴来说服老人

有些老人可能比较有主见，不容易被说服。这时候，年轻父母也不能针锋相对，否则不仅不能解决问题，还会激化家庭的矛盾。

此种情况下可以找专家来帮忙，引导老人了解一些育儿知识，以及教育孩子的正确方法。比如可以和老人一起看，并且温和地说："爸爸妈妈，您看专家是这样说的……"相信，老人一定会反思自己，改正错误的教育方式。

当然，年轻父母千万不要说这样的话："您看看，专家是这样说的，您是错误的。""您听我的就对了，专家都是这样说的。"这样只会让老人丢了面子，造成不必要的冲突。

3. 原则问题不让步，不是原则问题不妨迁就老人

在教育孩子的过程中，如果涉及原则问题，比如孩子撒谎、懒惰、不做作业等问题，即便老人再袒护，父母也不能做出让步，要让他们知道纵容孩子就等于害了孩子。

但是如果不是原则性问题，对于孩子的成长没有什么害处的问题，比如孩子喜欢吃零食，父母不妨做出些让步，以表示对老人的尊重。

总之，不管是父母还是爷爷奶奶、姥姥姥爷，其出发点都是为了孩子好。因此，父母要与老人做好沟通，做到两代人相互支持、相互谅解，如此才能有效地消除分歧，给予孩子最好的教育。

9. 倾听老师的意见，加固孩子的教育链

翔翔今年 8 岁了，父母对他非常宠爱，平时对孩子的关怀更是无微不至，恨不得为孩子安排好所有事情，并且时刻陪在孩子身边。

翔翔上了小学后，妈妈更是为孩子操碎了心，为孩子制订了详细的学习计划，规定好孩子什么时间休息，什么时间学习，什么时间看电视、吃饭……这本来是好事，可以让孩子学会有效地管理时间。可是翔翔妈妈总是不放心，随时都在孩子身边提醒监督，以至于孩子不仅没有形成好的时间观念，还变得非常依赖妈妈。在学校里，自理能力要比其他孩子差很多。

老师知道了这个情况后，便建议说："翔翔妈妈，您应该给予孩子适当的自由，让他学会自己做事，学习自己管理自己的时间！"

可是翔翔妈妈说："我担心孩子不能好好地支配自己的时间，白白浪费了时间。我在一旁提醒督促，岂不是效果更好！"

老师说："孩子已经长大了，需要培养管理和支配时间的能力，否则永远都会依赖父母。现在，翔翔根本不知道怎么安排自己的时间，这对于他的成长非常不利。"

听了老师的话，翔翔妈妈思考了很多，最后还是听取了老师的意见。开始的时候，翔翔确实有些不适应，但是经过了一段时间的锻炼，终于懂得如何管理自己的时间了，并且独立性、自理能力也得到了提高。

这时候，翔翔妈妈庆幸地说："幸亏我当时听了老师的意见，否则就真的害了孩子啊！"

没错，很多时候父母是爱孩子的，却过于溺爱孩子了。这时候，多和老师沟通，学习老师的优秀做法，倾听老师教育孩子的心得，就变成非常有必要的事情了。因为孩子的健康成长需要多方面的努力，而且老师的经验有时要比很多父母的经验丰富多，理念也比很多父母的先进得多。

尤其是遇到教育难题的时候，父母不仅要倾听老师的意见，还可以及时寻求老师的帮助，让老师协助父母帮助孩子改正身上的毛病。因为很多时候，孩子不愿意听从父母的管教，却对老师言听计从。

小宇非常喜欢班主任冯老师，因为冯老师讲课有趣，对同学们也和蔼可亲。只要冯老师交代的事情，他都非常积极主动地完成。

　　小宇学习很不错，是班级的学习委员，可就是不怎么爱劳动。在家里，妈妈叫他帮助做家务，他总是一拖再拖；爸爸让他帮忙拿个杯子，他也百般不愿意。在学校里也是如此，他不喜欢做值日，每次活动都不积极参加。对于这个问题，父母给他讲了很多道理，鼓励他积极、勤快些，可是效果并不怎么好。父母只好找到了冯老师。冯老师说："没问题，这件事情就交给我了！"

　　一天，学校组织集体劳动，每个班级都要进行大扫除。同学们都干劲十足，你擦桌子、我擦玻璃。可看看小宇，他正拿着扫把漫不经心地扫地，十几分钟了还没有扫好三分之一。冯老师大声说："小宇，你干活可不积极啊！你看看大家，多有干劲啊！"

　　小宇说："我累了，之前上体育课，运动太多了！"

　　冯老师说："那其他同学也上体育课了！你不能找这样的借口！再说，你是班干部，怎么能不做好带头作用呢！如果你不积极勤快，我就把你的学习委员的职务给撤了。"

　　小宇焦急地说："学习委员是管学习的，又不是管劳动的！这不公平！"

　　冯老师笑着说："可你是班干部啊！班干部就应该在各方面给同学们做好表率！你学习好，但是我希望你能成为全面人才，做个德、智、体、美各方面都非常出色的好孩子。而且你要正视自己的缺点，成为勇于承担责任的男子汉，所以不管是在学校还是在家中，都应该努力做好自己，不让老师和父母失望！"

小宇听了这话，说道："老师，我知道错了！我以后一定改正懒散、不爱劳动的坏毛病。"从那以后，小宇果然有了很大改变。

孩子的独立性增强，叛逆心非常强烈，父母的教育起不到很好的效果。这个时候，父母要及时向老师请教，寻求老师的帮助。这样的做法，要比惩罚孩子，或是和孩子发生冲突更有利于解决问题。

父母们要知道，家庭教育和学校教育是密不可分的。想要更好地教育孩子，父母就应该多和老师沟通，了解孩子在学校的情况，并且学会和老师合作，多倾听老师的意见。

因为孩子、父母、老师是一个共同体，父母和老师对于孩子的教育都非常重要。而且老师具有丰富的教育经验，更善于和孩子打交道，所以多倾听老师的意见，对于父母教育孩子可以说是有利无害的。

可以说，学会和老师沟通，倾听老师的意见，是父母的必修课。只有把家庭教育和学校教育巧妙地联系在一起，做到父母、老师协调合作，才能共同地教育好孩子，让他们更健康、茁壮地成长。

第五章

五层次贴心话术：
润物无声中，提升陪伴品质

在很多父母眼中，自己的孩子是倔强的、叛逆的、无理的，他们总是喜欢和自己作对，不肯听从自己的教导。

然而这些父母并没有想过，孩子为什么会如此呢？

因为孩子最渴望父母的夸奖、认同，而不是批评、否认。所以，作为父母，应该善于走进孩子的内心，采用巧妙的方式引导和教育孩子。

1. 获得夸奖是孩子最深切的渴望

"好孩子是夸出来的"，相信这句话每位父母都听过。没错，每个人都渴望得到别人的夸奖和赞美，孩子更是如此。而且与成人相比，孩子内心更渴望获得父母的夸奖，这夸奖就像是阳光一样，能够温暖他们的内心，增加他们的自信，坚定他们的信念，并且驱散他们内心的孤独感与恐惧感。父母的夸奖就像是春风细雨，就像是温暖的阳光，可以让孩子茁壮地成长，快乐地享受生活。

著名教育家戴尔·卡耐基就曾经说过："使孩子发挥自己最大潜能的方法，就是赞美和鼓励，尤其是父母的赞美。"现在很多父母已经认识到赞美和夸奖对于孩子的重要意义，不再过多地打骂、批评孩子，而是采取赞美和鼓励的方式来教育孩子。但是还是有些父母依旧没有认识到这一点，认为孩子身上根本没有什么值得夸奖的。

怎么会没有值得夸奖的呢？

每个孩子都有自己的闪光点，有的孩子乖巧，有的孩子活波，有的孩子聪明，有的孩子努力……只要父母能够善于观察，就可以发现孩子的优点。只要父母端正自己的态度，那么，孩子做的每一件小事，以及每一个小举动，都可以成为父母夸奖孩子的要点。

而父母的一句小小的赞美和夸奖，就可以对孩子产生很大的影响。它会让孩子充满了信心，更加愿意做更多的事情。同时，时常被父母夸奖和赞美的孩子，比很少被父母夸奖和赞美的孩子更容易成功，而前者的成才概率要比后者高五倍。

　　天天的妈妈很喜欢养一些花花草草，窗台上摆满了多肉、绿萝、文竹还有兰花、杜鹃等等。每天妈妈都会拿着自己的小喷壶给花草浇水，看着这一片绿色，一天的心情都会变得好起来。

　　一天，妈妈下班回到家之后，就看见天天高兴地跑了过来。他对妈妈说："妈妈我今天帮你浇花了！你今天就不用再辛苦了！"

　　妈妈立即说："你什么时候浇的啊？"

　　天天说："下午幼儿园放学之后，我就用你的小喷壶给花都浇水了。"妈妈听了之后，心里想：下午浇花，岂不是把花都浇死了？但是看着孩子兴奋的小脸，她没有打击孩子的积极性，而是微笑地说："宝贝，谢谢你了。我们宝贝长大了，知道帮妈妈干活了！你真是太棒了！以后，你每天都帮妈妈浇花，好吗？"

　　天天高兴地说："好的！我会完成任务的。"

　　这时候，妈妈又说："不过，妈妈有一个要求，你可以在早上上幼儿园前帮妈妈浇花吗？因为花儿更喜欢在早上喝水，这样它们就长得更好、更漂亮。"天天爽快地点了点头。

　　妈妈认为孩子只是一时兴起，没几天就会忘记浇花的事情。可没想到，天天真的坚持了下来，每天早上都到阳台给花草浇水，雷打不动。而且他还记住了妈妈说的话，多肉、文竹等植物要少浇水，而绿萝等植物要多浇水。

不仅如此，在妈妈的夸奖下，天天还学会了帮妈妈做其他事情，比如倒垃圾、擦桌子……

所以说，对于孩子做事，父母要多夸奖、多鼓励，哪怕是擦桌子、倒垃圾这样的小事。即便孩子一时做错了事情，父母也应该看到孩子的初衷和努力，给予孩子一定的夸奖和肯定，而不是把关注点放在错误上，否则就会严重地打击孩子的积极性。

这是因为人性最深切的渴望就是获得他人的赞赏，这也是人类之所以有别于动物的地方。对于孩子来说，父母的夸奖和赞美就是他们信心的来源，就是他们快乐的来源，所以他们内心非常渴望父母的夸奖。一旦这种渴望落空之后，孩子就会产生消极的心理，变得不自信、不信任父母，甚至不愿意做任何事情。

所以，作为父母，千万不要吝啬对孩子的夸奖和赞美，而且越早采取赞赏教育越好。因为孩子年龄越小，孩子就越容易受到父母言行的影响，赞赏教育就越有效果。

2. 及时表扬孩子的每一个微小·进步

孩子们渴望得到父母的表扬，因为有了父母的鼓励，他们就会更加乐观地面对困难，更加充满信心。然而生活中，很多父母却没有意识到这一点，他们只看到了孩子身上的缺点，没有看到孩子的进步和所付出的努力。于是批评成了他们教育孩子的重要方式，而表扬和赞赏则被他们"束之高阁"。

还有很多父母懂得表扬对于孩子的重要意义，却觉得孩子的进步都是应该的，或是觉得那些小优点、小进步根本不值得表扬。

其实，不管是哪一种情况，父母的想法都是错误的。孩子的每一个微小的进步，都是通过他们努力而获得的，都应该得到父母的肯定和赞扬。即便孩子还没有取得一些进步，但他坚持不懈地努力做事，或是改正之前的错误，那么这样的孩子也应该得到父母的肯定和赞扬。

如果父母们只看结果，却看不到孩子的进步和所付出的努力，孩子如何面对艰巨的任务和眼前的困难，又如何有信心坚持下去？面对只知道批评却不知道肯定自己的父母，孩子又怎么有前进的动力呢？

所以，父母们应该多留意和发掘孩子身上的优点和进步，即便是一个微小的进步，即便是一个正确的举动，都应该给予及时的表扬。如此，孩子才能逐渐提升自己的信心，并且找到自己努力的方向。

磊磊是一名小学3年级的学生，成绩非常普通，总是处于中下游的水平。一次考试结束后，他把成绩单拿给爸爸看，然后有些伤感地说："我是不是天生比别人笨？为什么一样听课，一样认真做作业，我的成绩会比别人差那么多呢？"

爸爸看着情绪低落的磊磊，安慰地说："孩子，你不能只看到自己的失败，而看不到自己的进步。其实，你这次也有了进步啊！你提高了 2 个名次，而且数学成绩提高了十几分，这就是值得表扬的地方。"

磊磊看着爸爸，说："爸爸，你不批评我吗？我考得这么差？"

爸爸笑着说："只要你努力学习了，并且有所进步，就值得表扬。我相信你，只要你继续努力学习，一点点地进步，一定能够提高学习成绩的。"

爸爸的鼓励和表扬让磊磊有了很大的信心和动力，之后他更加努力地学习，认真听课，积极完成作业，结果在下一次的考试中获得了第 15 名的好成绩。爸爸依旧表扬磊磊说："你这次考入了第 15 名，比上一次进步了很多，爸爸相信你以后会越来越好的！"

在接下来的时间内，磊磊对于学习没有丝毫放松，虽然成绩提高得很慢，但一直能够小有进步。而只要孩子有进步，爸爸就及时给予孩子表扬，即便孩子写字比以前工整，做作业效率比之前快了，爸爸都毫不吝啬地给予其表扬。

结果，磊磊在小升初的考试中获得了优异的成绩，考入了一所比较不错的中学。

磊磊的爸爸是一位出色的父亲，他能够看到孩子的进步，并且在孩子进步缓慢的时候，始终坚持给予孩子表扬，从来没有一句打击和批评的话。因为他知道，学习是长期的过程，提高成绩也不是一朝一夕的事情，而孩子的每一点进步都是努力的结果，都值得肯定和赞扬。

而正是因为这种赞扬式的教育，让磊磊越来越有自信，越来越有动力，从而获得了不错的成绩。所以，作为父母，应该多给予孩子鼓励和肯定，只要孩子有所进步就应该及时给予表扬。

　　父母们不妨时常提醒自己："今天我表扬我的孩子了吗？""今天我发现孩子的进步了吗？"这不仅是一种教育方式，更是父母对于孩子真正的爱。

3. 良药不苦口，孩子才接受

　　批评是家庭教育的手段之一，孩子犯了错误，批评是理所应当的，但是批评也要注意方式方法，采取合理的批评方式，否则只能出现"家长出了气，孩子不服气"的现象，搞得家里乱七八糟，却没有起到教育孩子的效果。

　　然而现在绝大部分父母的批评方式都是不合理的，或是过于严厉，或是过于生硬，有的甚至连打带骂。其结果只能是，孩子对于父母的批评产生了很大的反弹，不仅不愿意承认错误，还故意和父母对着干。

　　父母要知道，批评的目的是为了让孩子认识到错误，更是为了解决问题，你所使用的手段都不过是为了这个目的而服务的。如果你采用了自以为正确的方式，却没有达到批评孩子、让孩子改错的目的，那么这样的批评还有什么意义呢？

　　更何况孩子都喜欢被夸奖，不喜欢被批评，如果父母再不注意方式，过于严厉、粗暴，那么孩子就更不愿意接受了。所以，不管孩子做错了什么事情，父母都应该注意控制自己的情绪，把握好批评的语气和方式，力求做到心平气和地教育孩子。

  岩岩是一个活泼的孩子，头脑也很聪明，但就是有个缺点，做事马马虎虎，一点都不认真。为了让孩子改掉这个坏毛病，父母没少批评孩子，有时候爸爸会非常严厉地批评孩子，甚至还会气得打孩子一顿。结果，岩岩不仅不买账，反而做事越来越马虎。这让岩岩父母感到精疲力竭。

  无奈之下，岩岩父母只能请教一位出色的教育专家，询问教育孩子的最佳方法。当这位专家了解了情况之后，只提出了一个要求，那就是尽量不要粗暴地对待孩子，要采取温和的方式来批评孩子。对于专家给出的方法，岩岩父母有些怀疑，他们说："平时我们严加管教，孩子尚且不能改正错误，用温和的方式怎么能管用呢？"

  教育专家说："批评不是目的，让孩子改正错误才是我们作为父母的目的。你们简单粗暴地批评孩子，让孩子的关注点放在你们不良的态度上，根本没有注意到你们说了什么，这样如何让孩子改错呢？再说，父母越严厉，孩子反弹就越大，批评的效果就越小。所以，你们应该改变自己的批评方式，尽量做到心平气和，如此一来，孩子才能更愿意认错、改错。"

  之后，岩岩父母按照专家的建议，改变了自己的态度，开始用委婉的、温和的方式批评孩子，指出孩子的错误。果然，岩岩也开始逐渐消除了反叛的心理，不仅能够接受批评了，还逐渐改正了做事马虎的坏习惯。

所以，良药并不一定苦口，批评也不一定非要那么直接、严厉。讲究方式方法，孩子才能从内心深处接受父母的教导，欣然改正自己的错误。

那么，批评应该讲究哪些技巧呢？父母们不妨学习学习：

1. 批评口气要尽量委婉

没有人喜欢被别人指责、质问和训斥，孩子也是如此。父母的指责、质问、训斥会让孩子感到自己不被信任，会让孩子觉得自己的尊严和人格受到了侮辱，从而产生反感的情绪。所以，在批评孩子的时候，父母尽量不要说这样的话，"你真是太不像话了！""你简直不可理喻！""说，你为什么会犯这样的错误？今天不说明白，你就不许睡觉！"

父母应该尽量让自己的口气变得温和些、委婉些，问清孩子犯错的原因，指出孩子究竟哪里做错了。然后，父母再耐心地规劝孩子认识错误、改正错误，这样一来，孩子才不会产生压抑感，从而欣然地接受批评、改正错误。

2. 批评的时候，不要忘记肯定

适当的批评可以让孩子提高自己，适当的肯定也能够让孩子进步。当孩子做错事的时候，父母应该批评孩子，但是也不要忘了肯定孩子的进步和努力。

很多父母都习惯用先肯定后批评的方式，事实上，这样的批评方式要比直接批评更有效。

3. 包容和宽容更有效

孩子有时犯了错，通常会担心父母责备自己。如果父母能够给予孩子宽容，对孩子说："我知道你不是故意的，我相信你能改正的。"这时候，孩子就会主动反省自己，以报答父母的宽容和信任。

总之，良药不一定非要苦口，忠言也不一定非要逆耳。聪明的父母就应该学会让良药不苦口，让孩子心甘情愿地接受批评、改正错误。

4. 指点孩子错误，不妨用一点暗示

孩子犯错了，父母给予其批评是理所当然的。于是，一旦孩子犯了错，大部分父母就大声地责骂，劈头盖脸地批评，丝毫没有考虑到这是否伤害了孩子的自尊心，是否能够让孩子接受。

显然，这样的批评是错误的方式，它只会让孩子反感，并产生逆反心理。要知道，教育的目的就是为了让孩子更乐于接受父母的建议，更愿意听从父母的指导。如果你的教育方式让孩子产生了反感，那么效果就会微乎其微。所以，当孩子犯错时，父母们不能一味使用命令、责怪、指责的方式，而是应该学会使用暗示的方式来教育孩子。

所谓暗示，就是无声的教育，就是润物细无声的教育。它不仅可以让孩子更愿意改错，还会让孩子更愿意亲近父母。

李森的身体比较肥胖，体育课项项不及格，可以说是班级里的"老大难"。父母觉得孩子身体肥胖不仅影响体育成绩，还影响身体健康，于是便给他制订了详细的减肥计划：每天吃饭8分饱，早上半个小时跑步，每周六踢一个小时足球。

可是，李森每次运动不了多久就喊累，不是喊腿疼就是喊头疼，不由分说地在路边休息。爸爸知道李森并不是哪里疼，只是给自己的懒惰找借口。但是他并没有直接批评孩子，而是准备找适当的方式和适当的时机来点拨孩子，让孩子改正自己的错误。

一天，李森刚刚跑了几步，就气喘吁吁地说："不行了，我跑不动了，我要休息一会儿！"

爸爸没有像往常一样催促他，而是和他并排坐下，不着痕迹地问道："李森，你这么喜欢踢球，偶像是谁啊？"

李森这下来了精神，兴高采烈地说："我的偶像是梅西。他简直是太帅了，每一次都能成为赛场上的王者。"

见孩子来了兴趣，爸爸继续说："那你了解梅西吗？你知道他现在所取得的成绩和辉煌，可是你知道他为此付出的努力吗？作为一名运动员，他有一个很大的缺点，那就是个子矮，他的身高只有168厘米。这是因为在他11岁时，就被诊断出发育荷尔蒙缺乏，导致骨骼不再成长。当时，没有人看好他，甚至觉得他不可能踢球，他却通过自己的努力，成了赛场上最耀眼的明星。"

爸爸见李森听得认真，接着说："你想想，如果梅西那时因为懒惰而不肯付出更多的努力，他还能成为一代球王吗？你不是很崇拜他吗？为什么就不能学习他呢？怎么能因为累而放弃了训练呢？"

听了爸爸的话，李森说："我才不是嫌累，我哪有放弃训练？爸爸，我要让你看看，喜欢梅西的人和他一样，都是肯付出努力的人。"

从这天起，李森真的变得积极多了，几乎很少抱怨和偷懒。尽管开始他不能坚持全程，但即便是走，他也会坚持走下来。慢慢地，他取得了很大的进步，身体素质也变得越来越好了。

李森的爸爸没有直接批评他，而是让他看看梅西的过去，这就给了李森一种暗示：你因为懒惰而每天抱怨喊累是不对的。只有通过努力才能实现自己的梦想，只有不放弃、不嫌累才能做好事情。而通过爸爸的暗示，李森也认识到了自己的错误，并且决定改变自己的懒惰。

如果李森爸爸严厉地批评孩子，或是直接骂孩子："你真是太懒惰了，以后什么也做不成。"那么他除了发泄自己内心的愤怒，恐怕得不到什么结果。

所以，面对犯错的孩子，父母应该使用巧妙的暗示教育。这不仅可以起到批评孩子的作用，还不会伤害孩子的自尊心，让孩子产生叛逆心理。

当然除了给孩子树立榜样，父母还可以用眼神来暗示孩子。比如孩子不好好吃饭，父母停下来，静静地看着孩子，那么孩子就会意识到自己的错误。另外，表情比眼神更有效果，

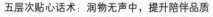

可以传递父母对孩子行为的不认同，所以父母也应该善用表情来暗示孩子。

5. 借助幽默，让孩子愉快地知错认错

批评一定要板着脸吗？显然不是，批评的目的是为了让孩子知错、改错，而板着脸的批评只会给孩子带来压抑感。这种压抑感会冲淡孩子对于错误的认识，还会让孩子对父母产生恐惧和排斥心理。

其实，批评也可以温柔、委婉，甚至是幽默一些。幽默的批评可以让孩子更愉快地知错认错，更能让孩子心灵避免受到伤害。

可以说，幽默的批评创设了和谐、融洽的教育情境，它让本来难堪的批评变得友好起来。更为重要的是，它传达了父母对于孩子的尊重、关爱以及理解。它虽然比较间接，但是可以让孩子得到潜移默化的影响，引起孩子对于错误的反省，以及对父母批评的注意、认可、接受。

俄罗斯著名诗人米哈伊尔·斯维特洛夫是一位善于教育孩子的父亲，他的教育理念就是借助幽默来教育孩子，让孩子更愿意接受自己的批评。

一次，斯维特洛夫刚刚回到家，就发现全家人都在手忙脚乱地围着孩子转，母亲更是焦急地打电话给医院，想要求对方

立即派一辆救护车来。经过询问之后，他才知道，原来自己的小儿子舒拉竟然因为好奇喝下了半瓶墨水。这下可把家人着急坏了。

要是换作其他父母，肯定着急地训斥孩子："你这孩子怎么什么都敢喝？""以后不能再犯这样的错误了！""你就不能乖巧些，别给大人找麻烦吗？"

可是，斯维特洛夫却并没有这么做，他知道墨水不至于让孩子中毒，所以让家人都不用慌张。更何况，如果自己训斥了孩子，孩子也不一定会长记性。他对自己说：我需要教育孩子吸取教训，让他下次不再犯这样的错误，而不是发泄自己的情绪，把孩子痛骂一顿。

于是，斯维特洛夫阻止了母亲叫救护车的行为，并微笑着面对孩子，轻松地说："你真的喝了墨水？"

舒拉丝毫不觉得自己做错了什么，还炫耀地伸出沾了墨水的舌头，冲爸爸做了一个鬼脸。

看到孩子这个样子，斯维特洛夫并没有发火，他回到自己的书房，拿出一沓吸墨水的纸。然后他冷静对孩子说："现在没有别的办法了，我只能用这些吸墨纸把墨水吸出来。你把这些吸墨纸使劲地嚼碎，然后吞下去，这样墨水就被吸干了。"他刚说完，全家人包括舒拉就都哈哈大笑起来。

后来，舒拉坦言自己喝墨水，只是为了想要成为家人的中心，看着大家都围着自己转。而这一次他也吸取了教训，之后再也没有犯过类似的幼稚错误。更重要的是，他感谢父亲用幽默的方式来教育自己，而不是劈头盖脸地骂自己。

直到他长大后，舒拉仍然很感谢父亲采用了这种教育方式，让自己度过了快乐的童年。

想想看，如果舒拉是你的孩子，你会怎么做？恐怕你早就大声地责骂孩子，或是拉过来打他一顿了吧。可是这样能让孩子认识到错误吗？

不。有的孩子可能宁愿哭泣、挨打，也不愿意承认自己的错误，或是他们根本不知道错在哪里了。

所以，在教育孩子的过程中，严肃的责骂、严厉的批评并不是唯一方法，更不是最好的方法。适当地借助幽默风趣的语言，要比严肃的说教更有效果。因为幽默可以让孩子更轻松，可以触动孩子活泼的天性，让他们更愿意愉快地接受父母的教育，而不是从内心抵触父母。

那么，既然借助幽默就可以让孩子愉快地知错认错，父母们为什么非要弄得彼此不愉快呢？

6. 用温和的建议，取代霸道的指示

作为父母，你是不是时常遇到这样的情形：你越是对孩子说"不要再玩了，赶紧写作业"，孩子就越磨蹭，坐在电视旁不愿意起身；你越是霸道地说"你不许这样做，写作业时把头抬高些"，孩子就越要与你对着干，把头埋得低低的……

之所以出现这样的情形，是因为孩子对父母霸道的指示和命令很反感，于是故意和父母唱反调。相反，如果作为父母的能够以建议的方式，委婉地说出自己的想法，或是用商量的语气跟孩子说话，那么就会得到不一样的结果。孩子肯定更愿意按照你说的去做，更乐于采取你的意见。

因为，没有哪个孩子喜欢被父母命令自己去做这做那，也没有哪个孩子愿意服从父母霸道的指示。

娜娜有些自私，平时总是以自我为中心。妈妈担心这样的性格会影响孩子与别人相处，便想要帮助女儿改变。妈妈知道强硬的命令和指示只会让孩子更反感，所以她从来不直接对孩子说："你不能这样做""你太自私了，你要改掉这个毛病。"而是在发现孩子的问题后，巧妙地运用温和的建议，积极地引导孩子。

一次，娜娜的好朋友萍萍来找她玩，看到娜娜最心爱的芭比娃娃，便拿起来说："这个娃娃真的好漂亮啊，娜娜，我可以抱一抱吗？"谁知娜娜一把夺过芭比娃娃，说："你不要动我的东西，弄脏了怎么办？"

萍萍委屈地说："我只是看看，不会弄脏的。"

娜娜还是不依不饶，不耐烦地说："那也不能随便拿！你快走吧，我不想和你玩了！"听了娜娜的话，萍萍眼泪一下子掉了下来，委屈地回了家。

妈妈看到这样的情形，耐心地对孩子说："宝贝，你觉得这样对待好朋友，对吗？如果你是萍萍，你去找她玩。她不让你玩玩具，还没礼貌地把你赶出来，你会怎么想？"

娜娜想了想说："我一定会很生气、很伤心的，以后再也不和她玩了。可是，谁让她不经过我允许就动我心爱的芭比娃娃。"

妈妈说："萍萍没有经过你允许就动你芭比娃娃，你感到非常生气，这我能理解。可是，你是不是可以委婉地说出自己的意见？你可以对萍萍说'你下次要先征求我的意见，等我同意了你才可以拿。'这样是不是更好些？"

娜娜说："我知道了，我下次会注意的。"

妈妈又说："那你仔细想一想，你把萍萍粗鲁地推出家门，是不是应该和她道歉？"

娜娜惭愧地低了头，说："我知道错了，我会和萍萍道歉的。"

妈妈笑着说："这就对了，我知道娜娜是乖孩子，以后肯定不会再犯这样的错误，对吗？"

娜娜认真地点了点头。

娜娜妈妈的教育方式是非常正确的，她没有直接批评娜娜不懂礼貌，批评孩子粗鲁地把好朋友赶出家门。她一步步地引导孩子站在别人的角度上思考，并且引导孩子去给萍萍道歉。正是因为娜娜妈妈用温和的建议代替了强硬的命令，所以娜娜才能这么快认识到自己的错误。而我们相信，在娜娜妈妈的引导下，娜娜一定能从一个自私的女孩变成一个懂礼貌、大方友爱的好孩子。

试想，如果娜娜妈妈不温和地加以引导，而是直接批评娜娜，霸道地命令她去给萍萍道歉，那么娜娜还会如此吗？

生活中，我们都喜欢温和的口吻，不喜欢霸道的口吻，都喜欢别人和自己商量，而不喜欢听别人的命令。父母是如此，孩子也是如此。所以，在孩子成长过程中，父母应该是孩子的引导者、建议者，而不是指挥者、操纵者。即便孩子的行为有不对的地方，父母也不应该采用强硬的手段，逼迫孩子听从自己的命令。

父母一定要站在孩子的角度上思考问题，考虑到孩子的自尊和意愿。多一些建议，少一些指示；多一些引导，少一些强制；多一些商量，少一些命令。如此一来，在亲子沟通的过程中，孩子才不会总是和父母对着干，才更愿意听从父母的话。

7. 别用空头支票，诱导孩子乖巧听话

家庭教育中普遍存在的一个问题是，父母为了诱导孩子听话，时常给孩子开空头支票。"只要你乖乖睡觉，明天我就给你买糖吃""只要你成绩排到第三名，我就带你去游乐场""等妈妈发工资了，给你买最喜欢的飞机模型"……

父母觉得向孩子许一个诺言，并没有什么大不了的，但是诺言对于孩子来说却意义重大。一旦父母没有兑现诺言，给孩子开空头支票，孩子就会觉得自己受到了欺骗，就会对父母的诚信产生怀疑，从而再也不愿意相信父母，也不愿意听父母说话了。

因为在孩子眼中，父母是自己最信任的人。尤其是 10 岁以前的孩子，可以说是非常依赖和信任父母的，相信父母说的每一句话。一旦孩子发现父母总是不兑现承诺，用哄骗的态度

来对待自己，那么孩子就会感到失望甚至绝望。

更重要的是，这还可能让孩子形成错误的观念，认为承诺就是随便说说而已，兑现不兑现也没有什么关系。久而久之，孩子就会变成一个不守信用，甚至是随意撒谎的人。

所以说，给孩子开空头支票，失信于孩子绝对是一件非常危险的事情。父母不能为了诱导孩子听自己的话，就随便开空头支票。一旦答应了孩子，就一定要兑现自己的承诺。

相信很多父母都听过曾子杀猪的故事，曾子为人正直，诚信待人，从来不会欺骗别人，即便在教育孩子的时候，也从不对孩子食言。当妻子哄骗儿子"如果好好在家等妈妈回来，便给你杀猪吃"的时候，曾子就真的杀了猪，兑现了对孩子的承诺。

当妻子阻止他这样做的时候，曾子便严肃地说："对孩子的话必须兑现。因为孩子没有思考和判断能力，只是听父母的教导。现在你如果欺骗孩子，就等于教他欺骗别人。父母欺骗了孩子，孩子就不会相信自己的父母，这不是教育孩子的正确方法。"

妻子对孩子说杀猪只是一个玩笑，为了让孩子听自己的话，不要跟自己去街市。但是曾子考虑的却是对于孩子的教育问题，如何给孩子树立一个诚实守信的好榜样的问题。

我们应该学习曾子，可是现实生活中，很多父母却是曾子妻子一样的人。比如为了让孩子好好学习，他们就随便对孩子做出承诺，可等到孩子真正做到的时候，父母却用敷衍的方式来对待孩子。一旦孩子指责父母骗人的时候，他们不仅不直接承认自己的错误，反而恼羞成怒地批评孩子无理取闹。

　　而这样做的后果是，孩子认为父母就是大骗子，并且学会了撒谎、逃避责任。小月便是如此。

　　小月学习不太积极，成绩总是在中上游摇晃。妈妈为了刺激孩子好好学习，便对她说："如果你期末考试能够进入前三名，我就带你到北京欢乐谷玩！"这句话果然起到了很好的效果，小月开始努力学习，结果考试获得了第二名的好成绩。

　　小月拿着成绩单异常兴奋地回到家，对妈妈说："妈妈，我考了第二名，放假后你带我到北京欢乐谷玩吧！"妈妈非常高兴，连连夸孩子聪明努力。可是谈到到欢乐谷玩，妈妈就犯难了，她对孩子说："妈妈最近工作很忙，我们过一段时间再去，好吗？"

　　结果，妈妈总是找借口往后拖延，假期都快结束了，小月仍没有去欢乐谷。假期最后几天的时候，小月对妈妈说："妈妈，这假期都结束了，你怎么还不兑现承诺！你答应我的话，不能说话不算数！"

　　谁知妈妈生气地说："你没看见我这几天正忙吗？整天就知道玩，怎么没见你好好学习！真是太不懂事了！"

　　小月被妈妈骂得愣住了，随后大声哭道："是你答应我去欢乐谷的！现在又说话不算数，你就是一个大骗子！"这件事情让小月非常伤心，从此再也不相信妈妈的话了。不仅如此，她对学习也失去了兴趣，成绩一落千丈。

　　很多父母像小月妈妈一样，对于孩子的承诺在某种程度上是带有盲目性、敷衍性，甚至是欺骗性的，结果导致亲子关系的破裂。

所以，在亲子沟通中，父母千万不要随便向孩子开空头支票。要么不承诺，承诺了就必须兑现。只有父母做到了诚实守信，不哄骗和敷衍孩子，孩子才能更加信任父母，并且逐渐养成守信用的良好品德。

广大父母们，身体力行，为孩子做个好榜样吧！

下辑

遵守沟通心理法则，建立完美亲子关系

第六章

会问巧答，用最合适的
话语敲开孩子的心门

　　提问，是父母了解孩子的生活情况和内心动态的重要方式，也是亲子沟通能够顺利进行的有效方式之一。然而，并不是所有提问都能获得同样的效果，都能敲开孩子的心门。

　　作为父母，只有采取恰当的提问方式，运用最合适的话语和态度，才能让孩子高效地回答问题，并且让我们走进孩子的内心。

1. 温柔地提问，孩子才肯真心地回答

　　很多教育学家都会强调这一点：在亲子沟通中，父母说话的态度和方式，对于沟通的成败具有决定性作用。如果父母能够温柔地跟孩子说话，那么孩子就更愿意与父母亲近，愿意真心地与父母交谈。

　　可如果父母板着脸，不停地向孩子说教，或是以高高在上的态度和孩子说话，那么即便父母的话是从孩子的角度出发，是为孩子好，孩子也是听不进去的。

　　同样，提问也是如此。当父母向孩子提问的时候，如果板着脸，态度强硬，一副咄咄逼人的姿态，那么孩子就会没有一点点回答的欲望。即便孩子被迫回答了你的问题，也可能是言不由衷、敷衍了事，或是赌气说出相反的话来。

　　所以说，父母想要和孩子更好地沟通，打开孩子的心门，就应该注意提问的方式和技巧。不管遇到了什么问题，父母都应该温柔地向孩子提问，并且认真地对待孩子的答案，给予孩子正确的引导。

　　小泽和父母就像是朋友，时常谈心、开玩笑。他习惯向父母倾诉自己的心声，因为每当遇到问题时，父母总是能够温柔地提问，不会质问自己，也不会逼迫自己回答。父母总是心平

气和地和自己交谈，让自己觉得得到了尊重和信任。

一次，小泽和父母谈到了恋爱的问题，他好奇地说："爸爸妈妈，你们是怎么恋爱的？谁追的谁啊？"

父母听了这个答案，觉得孩子真的长大了，并且认为这是和孩子谈论恋爱问题的好时机。他们还猜测孩子可能有喜欢的女孩了，要不怎么会谈论到恋爱的话题呢？但是他们并没有质问孩子是不是早恋了，而分享了自己当初恋爱的经过，说起了曾经的甜蜜过往。

小泽听了之后，笑着说："爸爸妈妈好浪漫啊，我感觉好幸福啊！"

这时，爸爸适时地提问："你小子是不是也想恋爱啊！是不是有喜欢的女孩子？"

小泽脸一下就红了，不好意思地说："我确实对一个同学有好感，喜欢和她聊天，也爱向她问问题，但我不知道这是不是喜欢？"

妈妈问："那你觉得喜欢一个女孩是什么样的？"

小泽说："不就是喜欢一起读书、一起上课，一起聊天吗？"

妈妈笑着说："那个女孩是什么样子啊？"

小泽说："她是我们班学委，学习好，文文静静的，也喜欢帮助别人。"

这时候，爸爸问道："那你觉得女孩喜欢你吗？"

小泽说："我不知道，不过我们经常在一起做功课，也一起讨论问题。"

爸爸说："每个人都会对异性产生好感，尤其是你这么大的孩子。我觉得青春期男女之间的喜欢就像是刚刚有些红的苹果，虽然看上去诱人，但是吃起来还有些青涩。等到真正熟透了才会又香又甜，那个时候苹果才是最好吃的。爸爸妈妈也是从你这个年纪走来的，知道青涩的喜欢是什么感觉。不过，你应该知道，你现在还小，学习应该是第一位的。"

妈妈接着说："我们不是让你绝不和女孩来往，也不是让你压抑对女孩的喜欢，而是让你知道，不管是苹果还是喜欢都应该等到真正熟透了的时候再去采摘。你们需要维持美好的同学关系，而不是过早地恋爱。"

听了爸爸妈妈的话，小泽思考了好久，然后点头说："我知道了，爸爸妈妈。我不会表白，也不会刻意疏远，我们就是美好的同学关系。如果等到我们真正长大了，我还喜欢对方，我就表白了。"

听了孩子的话，爸爸妈妈欣慰地笑了。

小泽的父母就是在温柔地提问中获知了孩子的心事，并且在心平气和地探讨中教会了孩子如何处理青春期懵懂的感情。而小泽也在这种温馨的交流中，懂得了如何处理与异性之间的关系，如何处理自己青涩的感情。

所以，家长们应该明白，最好的沟通应该是春风化雨般地与孩子交流，让孩子真正从内心愿意和父母沟通。当父母向孩子提问的时候，千万不要过于严厉、严肃，更不要一副兴师问罪的表情，否则孩子很难给予真心地回答。

用温柔地提问代替质问、逼问，这样孩子才肯真心地回答，才能更愿意真心地回答！

2. 问题太多，极易激起孩子的排斥心理

现在的父母非常关心孩子，尤其是工作繁忙的父母，为了了解孩子的生活、学习状况，时常会追着孩子问东问西。诸如："你去哪了？""今天又和谁玩去了？""在学校表现怎么样啊？""有没有捣乱啊？""考试成绩怎么样啊？能考第几名啊？"……

父母问孩子问题，是关心孩子的表现，但是父母这样狂轰滥炸的提问会让孩子不知道怎么回答。每当父母问题太多的时候，孩子就会不耐烦地用"我不知道""没什么"或是"你烦不烦啊"这样的回答来堵住父母的嘴。

更重要的是，过多的提问非常容易引起孩子的反感。因为在孩子看来，爸爸妈妈只是关心他们的学习和表现，对他们一点都不关心。孩子还会认为父母之所以一再追问自己，是因为不信任自己。于是，孩子就会渐渐地产生一种抵触情绪。

阳阳最讨厌的就是妈妈的问题太多，不管是生活中还是学习上，总是不断地追问自己。妈妈问得最多的就是学习问题，在放学回家的路上，妈妈每天都会不断地提问，比如"今天老师夸奖你了吗？""你有没有捣乱啊？""上课是否认真听讲了？""考试怎么样啊？"

开始的时候，阳阳还会耐心地回答妈妈的问题，可时间长了，就不愿意一一回答了，时常以"没有""不知道""嗯嗯"

等敷衍性的词语来回答。

一天放学，妈妈照常来接他回家，妈妈又问起了阳阳："阳阳，今天表现怎么样啊？"阳阳无奈地说："还行吧。"妈妈又问："那你有没有犯错啊？"阳阳说："没有。"妈妈又想要问什么，阳阳就没好气地说："妈妈，你不要再问了，每天就是问这些，烦不烦啊！"妈妈看到孩子情绪不对就没有继续问下去。

还有一次，阳阳和同学们参加了学校组织的春游，回来之后，妈妈就立即问道："怎么样？这次玩得开心吗？"

阳阳的心情非常不错，就高兴地说："挺好的，那里的景色很好，我们都玩得非常高兴！"

妈妈又接着问道："都有什么好玩的？和妈妈说一说？"

阳阳说："春游嘛！不就是看青山绿水，做一些活动，也没有什么特别的！"

妈妈又问："今天午饭吃得怎么样啊？我给你的钱都花了吗？都买了什么东西啊？"

听妈妈又问个没完，阳阳的好心情突然没有了。他烦躁地说："妈妈，你能不能别再问了。我今天感觉非常累，你就不能让我休息会吗？"说完，阳阳就离开了客厅，关上了自己的房门。

妈妈无奈地说："你这孩子怎么这样？我不是关心你吗？"

没错，妈妈确实非常关心孩子，想要了解他的生活和学习。可是面对这样一句又一句的提问，谁能不烦心呢？

我们说，凡事都应该有一个度，不管做什么事情，一旦超过了这个度，就会朝着相反的方向发展。父母对孩子的关怀也是如此。事实上，父母这种唠叨式的提问，往往不会让孩子感到关爱，反而会让孩子感觉父母并不信任自己，对自己的行为

和决定产生了怀疑，从而引起产生强烈的反感和不满。

所以，父母想要关心孩子，就应该采取正确的提问方式，而不是喋喋不休地向孩子发问。不管是学习也好，生活也罢，应该做到点到为止，问一遍就够了。

关键是父母应该了解孩子的内心，观察孩子的情绪，把问题问到点子上，然后再积极帮助孩子解决问题。当孩子不愿意回答问题的时候，父母也不要着急，揪着孩子的尾巴不放，非要问个所以然来。这样一来，只能适得其反，激起孩子的反感。

3. 别用质疑性提问，咄咄逼人责怪孩子

生活中，诸如此类教育孩子的情形屡见不鲜：

每当孩子犯错之后，父母就向孩子发起一连串质问："你这个孩子怎么这样？""你知道这是错误的吗？""教你多少次了，为什么还是不改？""你说，再次还犯吗？"……

可是，这样的逼问真的能够让孩子认识到错误，并改正错误吗？这样的做法，真的是为了孩子好吗？

事实证明，如果父母用质疑性提问逼迫孩子，孩子或许会迫于父母的"权威"乖巧地承认自己的错误，并且迅速寻求父母的原谅，但是孩子根本就不知道自己错在哪里。

不妨看看这个小故事：

一个小男孩做错了事情，妈妈板着脸问道："你做错了吗？"

男孩低着头，小声地说："做错了。"

妈妈又问："哪里做错了？"

男孩低头不语，妈妈又问道："你是不是不应该打碎饭碗？"

男孩回答说："是的。"

妈妈又问："你为什么要这么不上心？上次不是告诉你要小心吗？"

男孩说："是的。"

妈妈又问："你知道错了吗？记住了吗？"

男孩说："记住了。我错了。"

妈妈："哪错了？记住什么了？"

男孩低着头，"嗯……"

看吧，妈妈这一连串的逼问，让孩子内心产生了恐惧心理。所以，他们会尽快承认错误，以赢得妈妈的原谅，可他们内心根本不知道自己错在哪里，只是随着妈妈的话回答而已。这样的教育根本是无效的，还会给孩子带来巨大的心理压力。

如果年龄稍长一些的话，这样咄咄逼人的提问还会让孩子感到厌烦和无奈。因为孩子也有自尊，父母的质疑和咄咄逼人会让孩子感觉父母正在向自己兴师问罪，强迫自己承认错误。

尤其是孩子已经承认错误的情况，父母还非要当众追问孩子犯错的原因，为什么"屡教不改"。那么，孩子就会觉得自己像是犯人一样，正在接受父母的审判。如此一来，孩子怎么能不产生逆反心理，怎么会对父母不产生反感的情绪呢？

欣欣是家里的独生女，从小就娇生惯养，养成了骄纵任性的毛病。自从上了小学后，父母便开始对她严格要求，希望她能够好好学习，取得优异的成绩。

可孩子的性格和习惯已经形成了，哪有那么容易改正？正因为如此，欣欣学习并不努力认真，成绩也是非常不理想。一次，学校组织摸底考试，欣欣竟然考了倒数几名。回家后，妈妈生气地说："你究竟是怎么搞的？"

欣欣没有回答，只是低着头。妈妈见孩子不说话就更生气了，大声地质问说："我们每天都监督你学习，你的成绩为什么这么差？""你说，这是为什么？""你就不能好好学习吗？"

听到妈妈一味地责骂和质问自己，欣欣的"小倔脾气"一下就上来了。她大声说："我就是不好好学习，你能怎么样？"说完，她就把书包一扔，躲到了厕所里。

妈妈只是呆呆地站在原地，不知道怎么办是好。

父母要知道，教育不能一蹴而就，让孩子意识并承认自己的错误需要耐心和技巧，而通过质问的方式硬逼着孩子马上承认自己的错误，并不是有效的方式。

更为重要的是，提问也不是逼问和指责孩子的工具，而应该是打开孩子心灵大门的钥匙。聪明的父母不会用质疑的口吻来问孩子为什么会犯错，更不会咄咄逼人地让孩子承认错误，因为他们知道这只会适得其反。

质疑性的提问，总是带有责怪的意味，尤其是一连串的质问。而当父母们不再逼问的时候，孩子自然就会说出自己的错误；当父母们间接地引导孩子的时候，孩子也自然更能理解自己的错误。

所以，父母们千万别总是质问孩子，提问时也不要咄咄逼人，因为你也不喜欢被别人质问，不是吗？

4. 提问时增加选择项，尊重孩子的自主权

现实生活中，如果你询问孩子意见，却只提出一个单一选项时，孩子只能被动地接受，没有其他选择。那么他就会感到乏味，或是觉得父母正逼着自己做选择。而如果父母能够增加选项，给孩子更多选择的机会和权利，那么孩子就会觉得自己可以为自己做主，有了选择的机会和自由，从而更愿意接受父母的建议。

比如你问孩子"你喜欢美术吗？妈妈给你报兴趣班好吗？"如果孩子对美术不感兴趣，就会直接拒绝你报兴趣班的要求。如果你问孩子："你是喜欢美术，还是喜欢跳舞？妈妈给你报个兴趣班，好吗？"这时候，孩子就会考虑自己究竟喜欢什么，然后高兴地选择自己喜欢的一个兴趣班。

所以，聪明的父母在向孩子提问，或是提出要求的时候，绝对不会只给孩子一个选项。他们会在提问时增加选择项，让孩子自己去思考，从而选出自己更喜欢的选项。当孩子经过思考而选择自己喜欢的选项时，就会增加做事的积极性、

能动性。

同时，提问时增加选项，不仅可以增加孩子选择的空间，让孩子感觉到父母是尊重自己的，还可以让父母通过分析孩子的回答来了解孩子的内心，促进亲子间更顺畅的沟通。

周末了，艳艳爸爸决定带孩子去放松放松，于是便对女儿艳艳说："宝贝，今天是周末，不如我们好好去放松放松吧！"

艳艳高兴地说："真是太棒了！爸爸你打算带我去哪里啊？"

爸爸笑着说："你有两个选择，《疯狂动物城》上映了，我们可以去看电影；还有我们可以去少年宫，打打羽毛球、做做运动。你喜欢去干什么，我们就去干什么！"

艳艳想了想，说："其实这两个我都挺想去的。同学们说《疯狂动物城》非常有趣，可是我也想去少年宫玩，因为很久没有和爸爸打羽毛球了。爸爸，你说我们去哪里？"

这时候，爸爸说："那我可不能替你做决定，因为我今天的目的就是陪你放松。不过我倒可以帮你分析一下，你告诉我，你内心最倾向哪一个？是看电影，还是运动？"

艳艳思考了一会儿，对爸爸说："嗯……其实都差不多吧！我喜欢看电影，少年宫也非常想去，因为我们可以打羽毛球，那里还有很多项目，乒乓球、篮球、游泳等等。其实，周末运动运动也是非常不错的事情。"

爸爸听出艳艳比较倾向于少年宫，但是他并没有直接给出孩子答案，而是继续用提问的方式来引导孩子。他对艳艳说："没错，运动确实是不错的选择，可以放松还可以锻炼身体。你最喜欢什么运动？羽毛球，还是乒乓球？你们学校是不是也会举行这样的比赛？"

艳艳这下来了兴致，眉飞色舞地对爸爸说："我最喜欢羽毛球了，我还是我们班的主力呢！每次参加学校比赛的时候，我都是第一名！前一段时间，我们学校还组建了羽毛球校队，而我也成功入选了。"接着，艳艳肯定地说："爸爸，我决定了，我们去少年宫！"

看着孩子高兴的样子，爸爸脸上挂满了笑容，然后立即收拾物品，准备和孩子去少年宫。

艳艳爸爸是聪明的，做法也是非常明智的。他没有直接为孩子做决定，也没有给出孩子单一选项，看电影或是少年宫，而是把这两个选项直接摆在孩子面前，让她自己做决定。当孩子遇到了难题，不知如何选择的时候，他继续用提问的方式来引导孩子，给予孩子积极的暗示。最后，孩子不仅做出了正确的选择，还认识到了爸爸对自己的尊重。

事实上，每个孩子都有选择权，但是在很多父母眼里，孩子似乎并没有这个权利。所以，当父母要求孩子做事的时候，并没有给孩子足够的选择机会，而是一味让孩子按照自己的要求去做事，从而引起了孩子的反感和反抗。

所以，父母应该给予孩子选择权，在提问时增加选项，为孩子提供多种选项。这不仅体现了父母提问的智慧，更体现了父母对于孩子的尊重。

当然，父母提出选项的时候，也要了解孩子的想法和兴趣，尽量提出让孩子感兴趣的选项。这样一来，孩子才会更加愿意做出选择。

5. 启发式提问，激发孩子的想象力

很多孩子都玩过这样的游戏，即你提问我回答的游戏。如果父母们仔细地观察，会发现孩子们的第一问与最后一问之间常常相差万里。他们的话题不停地转变，而回答也是千奇百怪。这是因为孩子总是喜欢问"为什么""你发现了什么""太阳是什么样子的"诸如此类的问题，而不是问"是不是""对不对"这样的问题。

前者是启发性提问，可以让孩子们发挥想象，而后者则隐藏答案，不仅会限制孩子们的思维，还会限制孩子们的想象力。正因为如此，孩子才能按照自己的思维方式来思考，并且积极开动脑筋，从而充分地发挥自己的想象力，天马行空。

所以，父母们在向孩子们提问的时候，一定要注意提问的方式，多使用启发式提问，让孩子多动脑筋、勤思考。

小强的爸爸时常会向孩子提出一些问题，引导孩子去思考，而这些问题都是启发性的。

一天，小强正在电脑旁玩游戏，爸爸想要孩子休息休息，动动脑筋，于是便问道："孩子，你知道键盘的字母为什么这么排列吗？"

小强一下就被爸爸的问题吸引了，他说道："对啊！字母为什么不按照 A、B、C、D 的顺序来排列，而是被打乱了呢？"

爸爸看着他，说道："你想要知道答案，为什么不自己思考呢？"

小强思考了一会，也没有想到答案。这时候爸爸说："你应该思考一下，键盘是因为什么被发明的？键盘发明之后是怎么使用的？"

为了解决问题，小强开始在网上搜索相关答案。他了解到，键盘比电脑先发明，是应用在打字机上的。当时打字机是机械式的，运行速度很慢，而且还会出现磨损现象。最后他高兴地说："爸爸，我知道为什么键盘的字母被打乱了。这是设计者故意设计的，目的是为了降低人们打字的速度。人们打字的速度降低了，打字机运行的速度也就降低了，这样打字机就不会那么快损坏了！"

爸爸看到孩子能够动脑思考问题，并且通过查找资料和发挥想象力来解决问题，感到非常高兴。虽然孩子给出的答案并不一定正确，但是孩子能够善于思考才是最重要的。

提问是有技巧的，封闭性的问题就没有开放性的问题更具启发性。所以，父母们应该向小强的爸爸学习，利用孩子的好奇心和探索欲，进行有效的提问。只有利用好启发性提问，才能让孩子在解决问题的过程中，充分地发挥想象力。

正如正面管教创始人之一简·尼尔森博士所说的："提问而不是命令，父母要邀请孩子发展独立思考的能力，要帮助孩子探讨问题，关键是要停止告诉孩子们答案，并且开始问启发式问题。你就能更加鼓励孩子，同时也是尊重孩子。这才是教育的真正含义。"

对于孩子来说，启发式提问不仅可以让孩子掀起头脑风暴，增强逻辑思考能力，发挥充分的想象力，还可以让孩子体验到智慧的力量，体验到思考、想象的快乐。同时，当父母在启发孩子而不是命令孩子的时候，孩子会感到父母对自己的尊重和信任，从而让双方的沟通在相互尊重的氛围中进行。

所以，亲爱的家长们，恰当地运用启发式提问，激发孩子的想象力和好奇心吧！

6. 面对一万个"为什么"，父母耐心不能垮

孩子的天性就是对什么东西都好奇，喜欢探索和思考。这个世界的所有事物，对于他们来说都是神秘的、新鲜有趣的，上至日月星辰、下至河流山川，还有生活中的点点滴滴。大人眼中非常平常的事情，在孩子眼里都是神秘的、新奇无比的。所以他们总是喜欢问为什么，总是喜欢追着父母问这问那。

可对于孩子的"为什么"，有些父母却招架不住了。他们很多时候会对于孩子的提问敷衍了事，甚至不耐烦地指责孩子"哪有那么多问题""整天就知道问为什么"。结果，这样的态度，不仅会让孩子失去了提问的热情，还会让他们逐渐失去了好奇心和探索欲、求知欲。

皓皓今年4岁了，每天总是会缠着妈妈问一些稀奇古怪的问题，"小鸟为什么会飞，我为什么不会飞？""打雷的时候，天为什么会下雨？""苹果为什么有红色的、有绿色的？"开始

的时候，妈妈还会耐心地回答孩子的问题，可慢慢地就失去了耐心。有时被孩子问烦了，她就会不耐烦地说："你怎么这么多问题，我哪知道！"

这样的情况多了，皓皓就不发问了。即便遇到了什么问题，他也不愿意开口发问。在幼儿园中，老师让孩子们发散思维，提出不同的问题，其他同学都积极发言，而皓皓却坐在那里，一点反应都没有。

皓皓以前也喜欢发问，但是妈妈的态度让他发生了改变，逐渐失去了发问的热情，也失去了求知欲和发散思维。如果没有妈妈的指责，或许皓皓就不会这个样子。

所以，为了让孩子更好地思考，保持良好的求知欲和好奇心，一定要认真耐心地对待孩子的提问，千万不要随便三言两语就打发了孩子，更不要因为孩子提的问题很"无厘头"就恼羞成怒。

当父母积极地回答孩子的问题，并且引导孩子主动寻找答案的时候，孩子探索新事物的热情就会越来越强烈，思维能力也会越来越发达。峰峰的父母就与皓皓的父母不同，他们不仅耐心地对待孩子的提问，还时常引导孩子发问和思考。

当峰峰第一次吃荔枝的时候，突然问爸爸说："爸爸，荔枝为什么是圆的？"

爸爸笑着说："因为大部分水果都是圆的，比如苹果、橙子等等。"看着孩子点了点头，爸爸也问道："那你说荔枝的核会是什么样子的呢？"

峰峰想了想说："也是圆的。"

爸爸问："为什么呢？"

峰峰说："因为荔枝是圆的，所以核也是圆的啊。难道它还能是别的形状吗？"

爸爸笑着说："我们还是先吃一个吧！吃完它之后，不就知道它是什么形状的吗？"

峰峰立即高兴地答应了，当看到荔枝核是椭圆的时候，他若有所思地说："它为什么是椭圆的呢？"

爸爸说："这个问题可难住我了，不如我们一起来寻找答案吧！"

在这次对话中，峰峰爸爸不仅耐心地回答孩子的问题，还一直在引导和启发孩子思考。这不仅满足孩子的好奇心，更锻炼孩子的思考能力和探索能力。而且，在回答孩子问题的同时，父母和孩子还加强了互动和沟通，促进了亲子关系的建立。

因此，面对孩子的"为什么"，父母一定要认真对待。不管孩子提问多么简单、可笑，多么难以回答，父母都不应该简单地拒绝，或是随随便便地敷衍了事。如果遇到简单的问题，父母应该立即给予解答，告诉孩子正确的答案；如果问题比较难，父母也不要难为情，而是应该对孩子说："这个问题爸爸妈妈需要想一想，我过会儿再回答你，好吗？"，也可以和孩子一起探讨，寻找答案。

另外，在年幼的孩子心中，父母是无所不知的，是自己最信任的人。很多时候，孩子总问为什么，并不一定要父母给出的正确回答，而是想要获得一种满足感，获得父母的关注和理解。

所以，父母千万不要对孩子的提问失去耐心，而是应该耐心地听孩子提问，认真为孩子解答，如此孩子才能感到父母的关怀，才能对父母更加信任。

7. 对于孩子的性疑问，
巧妙解释，不要一味掩饰

对于每一位父母来说，孩子的性教育都是一个无法回避的问题。在孩子很小的时候，"性"话题就成了亲子间不可不谈的话题。比如，孩子会好奇地问："我是从哪里来的？""为什么我和妹妹不一样？""男生和女生有什么区别？"……

很多时候，这些问题不得不面对，可是很多父母不知道怎么回答，或是采取回避的态度敷衍了事，对孩子说"你长大就知道了""小孩子不能问那么多"；或是用开玩笑的方式来回答孩子，"你是垃圾桶里捡的""你是买来的"，现在则多了一种调侃，说孩子是"充话费送的"。

但是，当孩子对于性有疑惑和好奇时，如果父母不能给予孩子适当的性教育，那么孩子就会越来越困惑、好奇，对于心理发展产生不良的影响。

明明是个三岁的男孩，最近妈妈发现孩子有一个不好的习惯，就是睡觉的时候喜欢玩弄自己的"小鸡鸡"。妈妈每次都会严厉地训斥他，"你再这样，我就生气了！""小孩子不可以做这样的动作！"

可是，明明还是没有什么改变，依旧趁着妈妈不注意的时候，偷偷地玩。妈妈感到非常困扰，不知道怎么办才好。后来，她在网上查询了资料，发现这种现象是正常的，说明孩子对于性产生了好奇。于是，她便决定给予孩子正确的性教育，积极引导孩子的行为。

当她再次发现孩子出现这样行为时，她耐心地对孩子说："你是男生，有小鸡鸡是正常的。那是小便的地方，不能随便给别人看，也不能自己玩弄，否则就会生病。如果你感到不舒服，可以和妈妈说。有问题，你也可以问妈妈。知道了吗？"

之后，妈妈还带着孩子看了一些关于性教育的绘本、动画片，慢慢地孩子就改掉了这个不好的习惯。

很多时候，不是父母们不能面对问题，而是不愿意面对问题。对于性教育来说，很多父母就抱有这样的态度，因为不知道怎么面对，所以不愿意去面对。这是非常不正确的。

如果孩子小时候没有得到正确的性教育，那么随着年龄的增长，到了青春期之后，他们就会对性更加好奇。而由于孩子发育的问题，他们就会对性产生疑惑，不知道如何处理异性之间的关系，不知道如何面对自己和异性的第二性征的变化，更不知道如何处理自己的性冲动，如何面对自己对异性的好感。如此一来，孩子就会产生紧张、无措等心理，影响了身心健康的发展。

更为重要的是，为了寻找答案，有些孩子可能会受网络、

电视等不良信息的影响，从而做出了错误的决定，或是产生不良的心理。所以，父母要尽早地对孩子进行性教育，引导孩子正确认识性方面的知识。如此，才能解决孩子的疑惑，从而让孩子能够更好地保护自己。

峰峰是一个刚刚进入了青春期的男孩。一天，他从卫生间出来后，不好意思地找到爸爸，指着裆部对爸爸说："爸爸，我这里好像和小时候不一样了，这是为什么啊？"

爸爸笑着对孩子说："这是正常现象，说明你已经长大了。所有男孩子到了你这么大，都会发生身体的变化，比如长喉结、腋下长毛、声音变粗，这些都证明你已经长大成人了？来，我摸摸，你是不是长喉结了？"

接着爸爸说："不过，这些身体变化都属于个人隐私，你可不要随便到处乱嚷嚷。还有你还可能会发生其他的变化，一定要及时间爸爸，可不要因为好奇而浏览不良网站啊！"

峰峰回答说："我知道了！"

之后，爸爸开始给孩子上了一堂性教育课，展开了一场男人之间的私密对话。爸爸认真地向峰峰讲述了生命起源、遗精现象、对异性的好感和冲动等等。通过这次对话，峰峰消除了对性问题的疑惑，还使得父子关系亲密了很多。

所以，面对孩子的性疑惑，父母们千万不能采取回避、敷衍的态度，而是应该给予孩子正确的教育，不仅要满足孩子的好奇心，更要引导孩子健康快乐地成长。

父母们不要觉得孩子年龄小，就没有必要对其进行性教育，更不要指望等到时机成熟再和孩子来谈"性"话题。实际上，这对于孩子的身心发展很不利。父母应该寻找恰当的时机有意识地和孩子谈论性的问题，从孩子的提问中逐渐地给予孩子正确的引导。

不管是儿童期的孩子，还是青春期的孩子，父母都应该注意与其进行良好的沟通，帮助孩子解决性方面的疑惑，并且多给予孩子鼓励和关心。如此才能让孩子愿意与你亲近，愿意说出自己的疑惑，并且更容易接受正确的教育。

第七章

注重心灵交流，
弹奏心与心之间的和谐音

　　绝大部分父母并不是不愿意和孩子交流，而是错把对孩子的管教当成是交流。如此一来，父母和孩子的沟通就变成了父母单方面地向孩子灌输知识和想法，缺乏了彼此心与心之间的交流。

　　因此，父母要改变自己的心态和教育方式，学会与孩子之间的情感沟通和交流，并且用爱心来培育孩子美好的心灵。

1. 交流中，让孩子多谈谈对自己的感受

在亲子沟通中，孩子由于表达能力欠佳、畏惧父母，或是逆反心理等因素的影响，往往不能将内心的感受说出来。再加上父母很少倾听孩子的心声，所以孩子只能扮演被动者的角色，很少有机会说出自己的感受。

但要知道，孩子说得越多，父母对孩子的了解就越多，亲子之间的沟通也就越顺畅。如果孩子不能说或是不愿意说出自己的感受，亲子沟通又从何谈起呢？

所以，父母要积极引导孩子说出自己的心里话，多让孩子谈谈自己的感受。千万不要以填鸭式的方式来将大人的观点灌输给孩子，强制孩子听自己的话。否则孩子只会产生排斥心理，不愿意与父母交流。

涵涵以前学习比较不错，门门功课都能考取优异的成绩。可升入三年级后，他的学习成绩却开始急速下降，平时也对学习失去了积极性。

为了让孩子提高学习成绩，妈妈每天都耳提面命地督促孩子学习。一到周末的时候，她就把孩子关在屋子里，禁止他出去玩，让他好好地写作业。可这么大孩子，哪是关得住的？即便你关得住人，也关不住孩子的心啊！所以，涵涵的学习成绩

丝毫没有起色，妈妈也不知道怎么办了。

这时，一位朋友对她说："你为什么不听听孩子怎么说呢？问问他内心有什么感受，为什么会出现学习成绩下降、积极性下降的情况呢？"听了朋友的建议，涵涵妈妈决定找孩子好好地谈谈。

一天，涵涵放学后，妈妈对他说："涵涵，三年级的课程比较难吗？"

涵涵说："不难。我觉得还可以。"

妈妈于是问道："那你的成绩为什么会下降得这么快？"

涵涵回答说："我知道我学习成绩不好，你很着急。但是我就是不想学习。"

妈妈感到不解，又问："那你不想学习的原因是什么呢？能和妈妈说说吗？"

涵涵想了想，说："因为我不喜欢现在的班主任，她每天都唠唠叨叨的，总是催促我们学习。一旦我们犯了小错，她就当众点名批评，真是让人讨厌。"

听了孩子的话，妈妈说："老师也是为了你们好。既然班主任是这样的性格，作为学生就要学着接受。即便不能接受，你们还可以坦诚地向班主任提意见啊。其实，你也可以尝试着发现班主任的优点，或许你会喜欢上她呢。"

涵涵随口答应道："知道了。"看孩子这样的态度，妈妈知道涵涵可能还没有说出自己的心里话。于是，她便继续问道："是不是妈妈的做法也让你有些反感？"

涵涵看着妈妈，迟疑着想要说什么。妈妈鼓励地说："没关系，你不要害怕，我不会怪你的。你说吧！如果是妈妈不对，我会好好地改正的。"

涵涵深吸了一口气，说道："其实，我觉得你和我们班主任很像，都喜欢唠叨，也喜欢强迫我做这做那。每天在学校我要受老师的唠叨、管教，在家里又要受你的唠叨、管教，实在是太烦了。所以，这段时间你越是督促我学习，我就越不想学习。"

听了孩子的话，妈妈这才恍然大悟，原来孩子内心有这么多不满，如果今天自己没有耐心地和孩子沟通，恐怕孩子永远也不会说出来。之后，涵涵妈妈和老师进行了沟通，自己也积极改正错误的方式。后来，孩子的成绩果真有所提升。

面对妈妈和老师的唠叨、管教以及批评，涵涵没有机会或是不敢说出自己的真实感受，所以才会用逃避学习、消极学习的方式来反抗。而当妈妈引导孩子说出感受，并且积极做出改变的时候，孩子的态度也发生了改变。

别以为孩子小，就没有什么想法，其实，孩子内心的感情比大人更丰富，只是没有机会表达出来而已。尤其是几岁的孩子，由于心智和语言能力的影响，还不知道如何表达自己的感受。父母们只有引导孩子说出自己的感受，并且与孩子感同身受，孩子才能更愿意和父母沟通。

所以，在交流的过程中，父母不能永远成为说的那一方，而是应该学会倾听，引导孩子说出自己的感受，并且理解和接受孩子的感受。如此一来，孩子才能真实地表达自己的意愿，让心灵的花园不再荒芜。

2. 给孩子讲道理时要动之以真情

对于每个孩子来说，当他们犯错的时候，最怕的不是父母的批评，而是父母用尖刻的言辞和严厉的态度来批评自己。因为这会让他们感觉自尊心受到了大大的伤害，感觉自己真的一无是处。

其实，聪明的父母在教导孩子的时候，不会采取尖刻的词语，也不会采用强硬的态度。他们会心平气和地和孩子讲道理，告诉孩子错在哪里，如何做才是正确的，力求动之以情，晓之以理。

广大父母要相信，当你采取了这样的方法，孩子会更容易接受你的建议，并且快速地改正自己的错误。更重要的是，这种方法除了可以给孩子明白道理的机会，还可以让孩子体会父母的心意，以便维持亲子间的和谐关系。

安安是个 6 岁的小女孩，暑假的时候，妈妈带着安安到姑姑家玩。这让孩子感到非常高兴，更是和小两岁的弟弟玩得不亦乐乎。

妈妈见孩子这么高兴，便不再过多地约束，让她玩个够。可能是少了妈妈的约束，所以安安整天就和弟弟疯玩，还做出了很多出格的事情。

一天，两个孩子在院子里玩耍，踩了一脚泥就跑进屋了。妈妈刚要让安安把鞋子脱掉，安安就领着弟弟跳到了沙发上，把沙发踩了好几个泥脚印。妈妈看到后非常生气，真想痛骂她一顿，不过还是控制住了自己的脾气。

她立即制止了孩子，严肃地对安安说："安安，你必须立刻下来。你穿着鞋跑到沙发上，对吗？"

安安也意识到自己的错误，小声地说："妈妈，我错了。"

妈妈拆下了沙发套，放到了洗衣盆里，然后平静地对孩子说："为了让你真正意识到错误，避免再犯同样的错误。今天，妈妈必须给你点惩罚。你同意吗？"

安安点了点头，妈妈继续说："那么今天你要用刷子把沙发套上的泥刷干净。"

安安接受了惩罚，用小手卖力地刷着，可表情还是有些委屈。妈妈看到这样的情形，说："安安，你累不累？"

安安回答说："累。"

妈妈说："每次妈妈和姑姑洗衣服、洗沙发套的时候，也感觉非常累。但是我们还必须做这样的活，好保证房间的干净整洁，以便给全家人营造良好的环境。既然如此，宝贝们是不是也应该体谅大人的辛苦，不能随意地弄脏它们呢？再说，穿着鞋上沙发，本来就是错误的行为，也是不礼貌的行为，是不是？"

听了妈妈的话，安安眼泪流了下来。她哭着说："妈妈，我真的知道错了，以后再也不会这样做了。而且以后我要讲卫生，还帮妈妈干活，整理房间。"

妈妈笑着说："知错能改就是好孩子。现在我们一起把沙发套洗干净，好吗？要不然，用你这双小手，恐怕到明天也洗不干净了！"

安安破涕为笑，大声说："好的，谢谢妈妈！"

安安妈妈对安安的批评可以说是动之以情、晓之以理，所以安安虽然受到了处罚，却没有产生排斥心理。妈妈的教育不仅让孩子认识到了自己的错误，还让孩子体会到了妈妈的辛苦和劳累，想要帮妈妈做家务。

家长们要明白，对于孩子犯错时的处理，往往不能过于简单生硬，采取严厉的批评、粗暴的指责，或是讲大道理就行。之所以批评孩子，并不是为了要惩罚孩子、伤害孩子，也不是为了讲道理而讲道理，目的是为了对孩子的错误行为予以教导，从而使他们改正，让他们接受教训。

所以，想要让孩子知错改错，并且不产生排斥心理，父母就应该采取温和的态度，动之以情、晓之以理，既要让孩子知晓相应的道理，又能让孩子感受到父母的真情。而当孩子已经真诚地承认错误，并且用行动证明自己改正错误的决心时，父母就不要再追究了，更不要揪着孩子的错误不放了。否则，只会让孩子产生厌烦、抵触心理，并且深深地伤害孩子的自尊心和积极性。

3. 以关爱的态度，点拨孩子的错误

在孩子的成长过程中，很多父母担心孩子犯错，或是出现这样那样的问题。于是一旦发现孩子犯了错，他们就着急地指责孩子，教训他们"你不应该这样做，你应该……"；有些父母则张口说出否定孩子的语言，用孩子的一个小错误来否定他整个人；甚至有些父母，一看到孩子犯错就怒火中烧，劈头盖脸把孩子一顿臭骂，恨不得还打孩子一顿。

事实上，这些父母的做法都是错误的。与其说他们的关注点在于孩子的错误，还不如说他们更在意的是，孩子的行为是不是符合自己的标准，是不是让自己丢了面子。所以，他们才会因为孩子犯错而随意地发泄自己的情绪，忽视了自己的教育方式是否真的有利于孩子改错。

更为关键的是，这样的行为看似是在帮助孩子改正错误，实际却让孩子错过了自我认错、改错的机会，并且隔断了孩子与父母沟通的一颗心，以至于让孩子宁愿封闭自己的内心，也不愿再与父母交流。

真正会沟通的父母，从来不会直接指责孩子，更不会用羞辱性的词语来攻击孩子。他们更关心孩子的内心，即便孩子犯了错，他们也会以关爱的态度点拨孩子的错误。

梦梦是个聪明活泼的女孩，平时表现都很不错，可最近妈妈发现她有一个非常严重的问题，那就是喜欢说大话。她时常信誓旦旦地说要做什么事情，可到时不是推脱逃避，就是拖延找借口。

一天她告诉妈妈说："妈妈，今天我们班的XX同学做了一个'三棱镜'，光线透过它会呈现五彩斑斓的景象，真是太漂亮了。我明天也要自己做一个，你就等着欣赏吧！"

第二天，妈妈问："梦梦，你不是说做三棱镜吗？怎么还不见动静！"

梦梦却理直气壮地说："这实在是太麻烦了！楼下超市就有卖的，我还不如买一个呢？再说，我看了看同学做的那个，也没有什么新鲜的。"

还有一次，梦梦放学后，对妈妈说："妈妈，我们过一段时间就体育测验了，我得好好锻炼锻炼。明天早上6点钟你就叫我起床，我要起来到公园里跑步。"

第二天早上6点，妈妈准时叫梦梦起床，可她翻了个身，蒙上被子又睡着了。妈妈生气地把她的被子掀了起来，说："你不是要跑步吗？还不起床？"梦梦迷迷糊糊地说："昨天我睡得太晚了，实在太困了。我明天再早起训练吧。"第二天、第三天，依然是如此……

看孩子如此说话不算数，妈妈决定找孩子好好谈谈，避免孩子养成只说不做的坏习惯。这一天，梦梦放学后，妈妈把她叫到了书房，对她说："你这次说要早起锻炼，好在体育测试时取得好成绩，可为什么总是赖床呢？你这样拖延偷懒，怎么能锻炼好身体呢？"

梦梦不好意思地说："我起不来床嘛！实在是太困了！"

妈妈并没有批评她懒惰，而是耐心地说："你早上起不来床，是因为晚上睡得太晚了。妈妈想知道，你晚上都做什么了？是学习吗？还是看书？你晚上不能睡太晚，否则不仅会影响第二天的学习，对身体健康也没有好处。"

梦梦没有想到妈妈不仅不批评自己，还关心自己的身体，觉得更不好意了。她坦白地说："其实我也没有学习太长时间，有时候还看小说和手机了。妈妈，我错了，我一定会改正错误，早睡再起，积极参加锻炼的。"

妈妈笑着说："我相信你能够做到。你要知道，有想法是好的，说明你想要努力做好。可有光想法却不付诸行动，那就不是好的习惯。你也不想做说话不算数的人，对吗？"

看孩子听进去自己的话了，妈妈接着说："你明白吗？只有想法和行动一致，说到做到，你才能成为一个优秀的人。如果只说不做，或是总找借口逃避，那么你不仅无法做任何事情，还会失去别人的信任。"

最后，梦梦低着头说："对不起，妈妈。我知道最近我有这样的毛病，总是想法太多，却从来不认真去做。我以后会改正这样的毛病，努力做一个说到做到的人。"

之后，梦梦首先从早晨锻炼做起，履行自己的诺言——每天 6 点钟准时起床，然后到公园跑步。慢慢地，她还改掉了只说不做的坏习惯。

故事中这位妈妈的做法是不是值得借鉴？当她发现孩子的问题后，并没有立即指责，也没有唠唠叨叨地给孩子讲大道理，而是找机会和孩子进行了深入的交谈。她先关心孩子的睡眠和身体健康，然后再进行了一番教导，让孩子明白自己错在哪里，应该怎样改掉自己的坏毛病。这样一来，孩子看到了妈妈对自己的关心和爱护，知道妈妈是为了自己好，所以并没有产生任何排斥情绪，还真诚地承认和努力改正自己的错误。

所以，作为父母，要讲究说话的技巧，当孩子犯错时，不要只关注错误本身，更不能随意发泄自己的情绪。只有以关爱的态度来点拨孩子的错误，孩子才能欣然地接受父母的教导，才会理解父母的苦心。

4. 增进亲子互动，在愉快互动中愉快沟通

现在，很多父母由于工作繁忙，根本没有时间陪孩子；还有些父母沉溺于手机，忽视了与孩子之间的交流。于是，父母与孩子之间的亲子互动变得越来越少，心与心的沟通也越来越少，让原本应该亲密无间的亲子关系变得疏远、陌生、甚至是对立。

因此，在日常生活中，我们不仅要多关心孩子，多与孩子交流，更应该重视增进亲子间的互动，与孩子一起做游戏、一起阅读、一起晚餐、一起旅行。

如此一来，父母才能在愉快的互动中愉快地沟通，加强与孩子间的情感交流，从而成为孩子心灵上的伙伴。

周海上一年级了，父母希望他多阅读，多认字、增加词汇量。于是每天晚上8点钟，爸爸都会监督孩子阅读，而自己则在一旁看手机。

开始的时候，周海注意力有些不集中，看书时时常盯着书已经十几分钟了，却一页也没读完。每次爸爸批评他的时候，他都会理直气壮地说："读书这么无聊，又不是让你读，你当然说得轻松了！""你在一旁看手机，却要我好好读书，这太不公

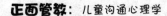

平了！"

爸爸觉得这样不是办法，于是对孩子说："要不这样吧！爸爸和你一起阅读，怎么样？"

周海这下来了精神，说："怎么一起阅读？"

爸爸说："我阅读一篇，你阅读一篇，我们互相读给对方听，如何？"

周海高兴地答应了。之后，每天父子两人都读书给对方听。虽然周海阅读速度比较慢，还有很多字不认识，但积极认真。而爸爸阅读的时候，他则认真倾听，有时还会与爸爸讨论故事情节。

半年时间过去了，周海的阅读水平有了很大提高，能够顺畅地读一个故事了。于是爸爸又想到了一个方法：两人进行比赛，看谁读得快，错误率少；看谁读得有感情，绘声绘色。就这样，在亲子阅读的时间内，孩子不仅学习到了知识，提高了阅读水平，还享受到了亲子互动的快乐。

通过这件事情，周海和爸爸之间的关系更亲密了，就好像无话不说的好朋友。而爸爸也意识到，想要和孩子建立亲密的关系，就应该重视和孩子的亲子互动，多陪伴孩子，多参与孩子的活动。

于是，周海爸爸开始放下手机，时常陪孩子游戏、阅读，一家三口还时常到外地旅行。现在一家人的感情非常好，生活非常幸福。

父母总是希望孩子和自己无话不说，把自己当作是最亲密、最信任的人。可是，如果父母没有时间或是不愿意和孩子互动和沟通，那么孩子如何让父母走进自己的内心，彼此又如何能够建立亲密的关系呢？如果父母不肯花时间与孩子共同度过，或是觉得陪孩子游戏、阅读是麻烦的事情，那么孩子的心又怎么能愿意与家长亲近呢？

亲子沟通，关键就在于父母与孩子的互动。而亲子互动是父母与孩子情感沟通的最重要方式，也是父母走进孩子内心的关键方式之一。作为父母，不要总是说自己没时间，也不要觉得陪孩子游戏、阅读是无聊的事情。要知道，陪伴才是父母给孩子最好的爱，而亲密无间的活动，才是孩子获得快乐的源泉。

孩子小的时候，父母可以陪伴孩子做一些简单的游戏，比如拼图、搭积木、玩沙子或阅读。只要是孩子感兴趣的事情，父母都应该多陪伴孩子，增加亲子间的互动。等孩子长大了，父母可以陪伴孩子多到外面去走走，参观美术馆，到公园游玩，或是和孩子一起去旅行。这不仅可以增长孩子的见识，还可以增进和孩子之间的感情。

当父母与孩子建立了亲密的关系，亲子沟通还会是问题吗？

5. 小小家庭会议，可使亲子沟通更彻底

教育学专家说，想要孩子乐于与父母交流，就应该让孩子畅所欲言，自由地说出自己的想法和感受，而家庭会议就是很

好的方式。

对于很多父母来说，家庭会议并不是什么新鲜词，却很少运用这种方式与孩子沟通。很多时候，父母只有在孩子犯错的时候，才会召开家庭会议。可实际上，这并不是沟通会，而是孩子的"批判大会"；抑或是只有遇到重大事件，比如孩子升学等，才召开家庭会议。而召开这样的家庭会议其目的也不是促进亲子沟通，而是简单地解决问题。

事实上，一些教育专家认为当孩子3岁的时候，就可以作为一个平等的家庭成员参加"家庭会议"了。这不仅有利于锻炼孩子的表达能力、自理能力，更有利于孩子与父母之间的沟通。

熙熙家每周都会召开一次家庭会议，有时候妈妈会提前想好主题，比如讨论春游的事项，说说过春节的感想，以及让孩子谈谈一周发生了哪些难忘的事情等等。

很多时候，家庭会议是没有主题的，妈妈会让孩子谈自己的想法，对爸爸妈妈哪些地方满意，哪些地方不满意；妈妈也会对孩子提出一些意见，夸奖孩子做得好的地方，指出孩子做得不好的地方；当然，爸爸妈妈也会说自己工作上的事情，分享年轻时的经历……

于是，从5岁开始，熙熙就喜欢和爸爸妈妈分享自己身边发生的事情，而爸爸妈妈总是能够静静地倾听，之后或是给孩子提出意见，或是帮助孩子分析问题。当爸爸妈妈发言的时候，熙熙也学着像模像样地提意见。所以，熙熙家家庭会议的气氛非常轻松欢乐。

熙熙妈妈说："家庭会议的地点是很随意的，有时候在客厅，有时在孩子房间，有时则在公园的草坪上。我们尽量不让气氛太严肃，也不会把家庭会变成孩子的批判会。因为我们召开会议的目的就是为了让孩子和父母畅所欲言，说出彼此的想法。所以，有时为了活跃气氛，我们还会和孩子做一些小游戏，比如说木头人、你比我猜等等。"

因为小小的家庭会议，熙熙家的亲子关系非常和谐，孩子与爸爸妈妈无话不说，有什么事情都和他们商量；而爸爸妈妈也非常尊重孩子，不会强迫和控制孩子。

由此可见，家庭会议真的是促进亲子沟通良好进行的有效方式。这是因为家庭会议让孩子觉得自己是家庭的重要一员，而父母允许孩子畅所欲言的态度则让孩子觉得自己是被尊重的。在这样的环境下，孩子不仅可以学会勇敢地表达自己的想法和意见，更愿意和父母进行心与心的沟通。

然而，在很多家庭中，大人往往是决策者，孩子只有听从命令的份儿。这无形阻断了父母与孩子的良好沟通，更让孩子没有机会表达自己的想法。所以，想要让亲子沟通更彻底，不妨学习熙熙妈妈的做法，不定期召开家庭会议，让家庭氛围变得更民主、更自由。

家庭会议可以是一周一次，或两周一次，也可以不定期的，只要遇到问题就召开。关键是父母和孩子都要畅所欲言，听孩子的心里话，说说家长的想法。

当然，家庭会议的形式和内容并没有一定的限制，关键在于它是平等的，孩子和父母都能够自由地发表意见，而彼此要耐心地倾听对方。

还要记住，家庭会议并不是孩子的批判会，不要一味地批评孩子，对于孩子要有批评有表扬。如此一来，亲子沟通才能变得更彻底、更和谐。

6. 爱与规则，一个都不能少

面对着一个幼小的生命，从呱呱坠地到蹒跚学步，再到聪明伶俐地上学。作为父母，肯定对孩子充满了无限的爱，想要给他们最好的环境，想要满足他们的一切要求。于是在这种心理的影响下，爱孩子的心也开始膨胀起来，甚至开始纵容和溺爱孩子：

孩子想做什么就做什么，一直看电视，直到晚上 12 点还不睡觉，父母却一味纵容；

孩子喜欢吃冰淇淋，一个、两个、三个，而父母则不知道制止；

孩子以自我为中心，随手打小朋友，还打父母的脸，父母却乐呵呵的，很开心；

……

要知道，父母这样对待孩子的行为，已经远远超出了正常的爱的范畴，是溺爱的一种表现。

事实上，如果父母只给孩子这样的爱，而不给孩子制订规矩，那只能害了孩子。这种毫无原则的溺爱，只能让孩子以自我为中心，漠视家庭、学校的规则，变得越来越自私，并且缺乏社会责任感，甚至是形成心理和性格上的缺陷。

小凯是全家人的心肝宝贝，爷爷奶奶、爸爸妈妈把全部的爱都给了这个孩子，而这也让孩子养成了骄纵、任性胡为的坏习惯。

一次，爷爷奶奶带着小凯到菜市场买菜，他一看到鱼，就兴奋地喊着要吃鱼。爷爷奶奶高兴地给孩子买了一条大草鱼，准备做红烧鱼。可刚走了一段路，他又看到了虾，便嚷嚷着要吃油焖大虾。

爷爷说："我们才买了一条大草鱼，明天再买虾，好吗？"谁知小凯怎么也不依，非哭闹着要吃虾。爷爷奶奶没有办法，只能又买了两斤大虾。

按理说，小凯应该满足了，好好吃饭了吧！可中午的时候，爷爷奶奶都已经把大虾做好了，他却又非要吃鸡蛋饼……

不仅在家是如此，在幼儿园小凯也非常任性。他正拿着玩的玩具，别的小朋友碰都不能碰；而他想要玩别的小朋友的玩具，就会立即抢过来。如果别的小朋友不能如他的意，他就会随手打小朋友。尽管老师一再批评他，给他讲道理、立规矩，可还是没有什么效果。

这是因为小凯的父母和爷爷奶奶从来就没有给孩子立过规矩，告诉他什么行为是错误的，什么事情不应该做。所以，小凯才成了毫不懂规则，任性妄为的孩子。

从表面上看，小凯确实是任性的孩子，他以自我为中心、只顾满足自己的要求，甚至有些顽劣、自私。可这是父母教育的结果，是父母、爷爷奶奶的宠爱和纵容，才使他逐渐养成了这样的性格和习惯。

所以，作为父母，应该正确地审视自己对孩子的爱，在爱孩子的同时，不要忘了给孩子制订规则。如此一来，孩子才能健康地成长，才能避免养成诸多不良习惯。当然，如果孩子犯了错，就要给予惩罚；孩子提出了不合理的要求，就要严厉地拒绝。

一位妈妈非常爱自己的孩子，但是在教育孩子的过程中，她总是不忘趁机教给孩子一些规则。

比如在玩游戏的时候，她会对孩子说：这是游戏，有输有赢，即便输了也不能哭闹，不能耍赖；在与小朋友玩的时候，她会告诉孩子：不能打人，不能大声喊叫，否则没人和你玩；孩子可以看电视，但是每次不能超过30分钟……

她时常对自己说："我是孩子的母亲，我爱自己的孩子。但是我也应该承担起监护人的责任，爱孩子，更应该教给孩子规矩，这才是真正对孩子负责。"

爱和规矩都是家庭教育的必备因素，对于孩子的成长具有非常重要的作用。作为父母，需要照顾孩子的生活，教给他们知识，让他们懂得一些生活和为人的道理，同时还有一个重要的任务，那就是告诉他们：不管是在家庭中，还是在学校里、公共场合里，都需要遵守规矩。

或许有些父母认为，家庭不是讲规矩的地方，更何况孩子还小，讲那么多规矩干什么！切记，这种想法是完全错误的，只会让你的孩子为所欲为。

俗话说，国有国法，家有家规。父母们只有制订相应的规矩，让孩子遵守规矩，才对孩子的成长有更大的好处。正如李开复先生所说的："虽然我相信启发式教育的优越性，但是我同时也相信严格管教的必要。孩子的成长既需要启发，也需要纪律和规矩。"

作为父母，不能一味地溺爱孩子，而是应该对孩子的成长和未来负责，早些给他们立一些规矩。因为规矩并不妨碍我们爱孩子。

在家庭教育中，爱和规矩一个都不能少。只有这样的爱才是对孩子最负责的，才能给孩子一个美好的人格和未来！

7. 用贴心话拉近亲子间的距离

很多父母不知道孩子为什么不愿意和自己沟通。其实，原因这很简单，这些父母的沟通方式出现了问题。

因为缺乏良好的沟通，孩子和父母心灵之间就出现了一道厚厚的壁垒，导致亲子间的交流出现了障碍。于是，父母不理解孩子，孩子也不体谅父母。时间长了，亲子关系就变得越来越紧张，孩子也越来越不愿意和父母沟通了。

所以，父母们应该多与孩子进行交流，多和孩子说说贴心话，以便拉近亲子间的距离。

事实上，不知道有多少父母愿意拿出时间和孩子说贴心话，也不知道父母多久才和自己的孩子谈心。但是，有一点可以确定的是，只要父母时常和自己的孩子谈心，倾诉彼此高兴的事情、烦恼的事情，聊聊孩子的兴趣、爱好，聊聊父母的工作、经历，或者是生活中的点滴小事，就可以拉近亲子间的距离，从而让父母和孩子的心更加贴近。

现在很多孩子小小年纪就承受了较大的压力，功课比较多，作业任务重，还要上好几门课外班。亮亮就是如此。他每天都要面对写不完的作业，背不完的课文，所以最近感觉有点力不从心，情绪变得有些低落。

孩子的情绪，父母都看在眼里。一天晚上吃完饭之后，爸爸温和地对孩子说："亮亮，你最近学习很辛苦吗？是不是觉得有些疲惫？"

亮亮开始还不想让父母担心，便说："没有什么。"

爸爸继续说："我看你最近精神状态不太好，而且还有些食欲不振。我想你肯定承受了很大的学习压力，你不如说出来，或许爸爸能够帮你解决问题。即便不能解决问题，我也可以倾听你的烦恼啊！"

听了爸爸的话，亮亮长叹了一口气，说道："我最近成绩有些退步了，心理有很大的压力，我担心辜负你和妈妈的希望。"

爸爸说："或许就是因为你压力太大了，精神状态不好，才导致成绩的退步。我建议你可以让自己放松放松，不要给自己那么大的压力。爸爸妈妈虽然希望你学习成绩优异，但是也不想让你背负太大的压力……"

这一次，亮亮和爸爸进行了深入的交谈，说出了自己的压力和烦恼。而爸爸也耐心地倾听孩子的倾诉，引导和帮助孩子缓解内心压力。为了让孩子能够放松下来，爸爸还和亮亮约定：每周日下午，两人一起到操场上踢一个小时足球。

经过一段时间的调整，亮亮终于克服了种种心理压力，恢复了良好的精神状态。当然，他的成绩也得到了提升。

亮亮爸爸的做法是非常明智的，他看到孩子的情绪低落，并且通过谈心的方式了解孩子情绪低落的原因。对于孩子成绩的下滑，他没有采取批评的方式，而是主动与孩子谈心，积极引导孩子克服心理压力。这样的做法，不仅帮助孩子解决了困难，更赢得了孩子的理解和尊重。

试想，如果亮亮爸爸只看到孩子成绩的下滑，没有尝试着和孩子交流，倾听孩子的心声，那结果会怎样？恐怕亮亮的内心早就崩溃了吧！不仅如此，这样的做法还会拉远亲子之间的距离，使得亲子沟通变得更加困难。

很多家长不解：自己明明和孩子进行了沟通，孩子为什么还不听话呢？那是因为他们把"教训""命令""责骂"都当成了沟通的方式，所以才引起了孩子的反感。

亲子沟通应该是双向的，父母应该尊重孩子，更应该关注其感情上的需求，多和孩子交流，多说说贴心话。只有父母把心交给孩子，孩子才能把心交给父母，让彼此进行心与心的沟通。

8. 以入心的交谈，帮助孩子抵抗不良诱惑

现在网络、手机已经成为孩子生活中必不可少的组成部分，它们虽然给了孩子了解新鲜事物的机会，开阔了孩子的眼界，但是也让孩子沉迷于网络游戏、手机游戏，甚至受到黄色、暴力信息的影响，让孩子迷失了自己。

正因为如此，很多父母杜绝孩子接触网络、手机，一旦发现孩子玩游戏、看手机就大声斥责、批评，甚至采用暴力手段来阻止。可这样的教育方式并没有什么太大效果，父母越是如此，孩子的好奇心、叛逆心就越强烈，就越无法抵挡那些不良诱惑。

俗话说，堵不如疏。想要让孩子远离不良诱惑，父母们应该多和孩子进行心平气和的沟通，让孩子明白网络游戏、黄色信息、暴力信息，以及手机游戏的危害，并且引导他们养成良好的生活、学习习惯。

更何况，亲子之间没有什么问题是沟通解决不了的。父母要注重与孩子之间的心灵交流，多给孩子情感上的支持和肯定，如此一来，才能帮助孩子抵抗那些不良诱惑。

十几岁的凯凯最近迷上了网络游戏，不是在电脑上玩就是每天抱着手机玩，就连吃饭睡觉都想着游戏，更别提好好学习了。凯凯父母感到非常着急，担心孩子会陷入游戏不能自拔，耽误了学习和生活，更影响了身心健康的发展。

于是，凯凯父母便加强了对孩子的管制，断了家里的网络，也收缴了孩子的手机。凯凯一回家，父母就督促他赶紧学习，还三令五申地让他戒掉游戏。开始，凯凯父母以为自己的方法奏效了，可后来才发现孩子是不在家里玩游戏了，却开始到网吧或是同学家里玩，甚至开始出现逃课的现象。

看到这样的情形，凯凯的父母找到了青少年心理咨询师，向他说出了自己的担忧。咨询师听完之后，问他们："你们和孩子好好沟通过了吗？"

凯凯爸爸说："确实没有。我们每天工作很忙，哪有时间和他好好沟通。再说孩子也大了，应该知道玩游戏的坏处啊。我们以为只要杜绝他与游戏接触，就可以解决问题了。"

咨询师说："你们这种想法是错误的。就是因为孩子大了，父母才不能忽略了沟通和交流，否则孩子只能变得越来越叛逆，不肯听你们的话。而且，沟通并不等于训斥和批评，孩子有自己的想法和自尊，训斥只会把他推得越来越远。"

凯凯父母说："那我们应该怎么做呢？"

咨询师给出了这样的意见："你们应该多找孩子聊聊，谈他喜欢的东西，谈游戏的危害，还可以经常抽时间与孩子一起做做运动、外出游玩，来增进亲子之间的互动。只有让孩子看到游戏之外的东西，才能把他的身和心都从游戏中拉出来。"

凯凯父母说："这样做就有效果了吗？"

咨询师说："你们有没有想过，自己整天忙于工作，而孩子没有交流的对象，有心事也无人倾诉，能不被游戏吸引吗？当孩子被游戏吸引的时候，你们不仅不好好劝导，还一味地训斥、指责，孩子能不产生叛逆心理吗？现在已经不是孩子玩游戏的问题了，而是你们亲子沟通出现了障碍。如果你们不能真心地和孩子沟通，与孩子进行心与心的交流，那么孩子不仅无法改掉玩游戏的坏习惯，还会沾染更多不良习惯。"

听了咨询师的话，凯凯父母才意识到了问题的严重性。于是他们开始改变自己的态度，平时多与孩子沟通、谈心，多关爱孩子的生活和内心。慢慢地，孩子也看到了父母改变的诚意，于是开始努力戒掉游戏、远离游戏。

所以当孩子被电视、网络游戏吸引的时候，父母们不要一味谴责孩子，更不要采取"堵"的方式。不妨多关心孩子，多与孩子沟通，并且耐心地激发孩子良性的兴趣爱好。

当孩子看到父母的关心，懂得了亲情之乐，并且找到了生活的乐趣，自然就远离了那些不良的诱惑。

第八章

正向说教，语言羞辱是亲子沟通的离情钩

　　心理学家说："人类最负面的情感既不是悲痛，也不是愤怒，而是羞耻感。"绝大多数的负面情绪，孩子都可以通过倾诉、发泄等方式得到释放，但羞耻感是一种很难被孩子释放的隐秘情感，甚至会影响孩子的一生。

　　然而，令人没有想到的是，给孩子带来羞辱感的并不是别人，而是孩子最信任、最亲爱的父母。所以，父母们，不要再去羞辱自己的孩子，也不要再用语言伤害孩子幼小的心灵了。

1. 使用羞辱性语言，是在向孩子撒毒药

对孩子来说，父母的评价是非常重要的，一句简单的话足以影响孩子的一生。在沟通的过程中，父母如果使用积极肯定的语言，孩子就会变得越来越积极上进、阳光乐观、自信勇敢，更愿意接近和信任父母；而如果使用羞辱性的语言，孩子就会变得越来越消极、自卑、懦弱，不愿意与人沟通，甚至对自己和父母产生怀疑。

所以说，使用羞辱性的语言，就是在向孩子撒毒药。然而，生活中，很多父母都不注意自己的说话方式，诸如"你就是笨蛋""实在是太愚蠢了""你怎么这么傻"等羞辱性的语言，随口就说出来了。

尤其是孩子犯错的时候，这种羞辱性的语言就更层出不穷了。甚至有些父母时常会在公众场合当众羞辱自己的孩子，丝毫没有顾忌孩子的感受，更没有意识到这会严重伤害孩子的自尊。

瑶瑶是个二年级的孩子，由于刚刚接触英语，所以学习成绩并不好。一次考试结束后，瑶瑶发现自己的成绩不理想，班里平均成绩是 90 多分，而她只考了 86 分。回到家后，瑶瑶小心翼翼地把卷子拿给妈妈看，头恨不得低到脚面上。她唯唯诺

诺地对妈妈说："妈妈，我的英语成绩下来了！"

看到成绩，妈妈大声吼道："什么？ 86分！你居然考了这么点分！英语老师都和我们说了，你们班的平均分是93分，你竟然差了这么多！真不知道，我怎么生了你这么笨的孩子！你实在是太笨了！你看看你们班，哪有人像你一样笨！"

听到妈妈的责骂，瑶瑶不禁流下泪来。这时候，妈妈更加不耐烦了，气急败坏地说："哭！你还有脸哭！这么容易的事情都做不好，我要是你，我都不好意思哭！"

诚然，瑶瑶成绩差确实让父母感到头疼，但即便瑶瑶妈妈责骂也无济于事，反而让孩子变得越来越自卑，失去了学习的兴趣和激情。再说了，这样羞辱性的词语是对孩子施加精神上的虐待，对于孩子的内心会产生很大的伤害。

瑶瑶妈妈应该帮助瑶瑶寻找成绩差的原因，并且积极引导孩子提高学习成绩，而不是一味地指责孩子，更不应该用羞辱性的语言来羞辱孩子。瑶瑶妈妈这样做的结果只有一个，那就是瑶瑶成绩越来越差，并且开始变得自卑、敏感。

使用羞辱性的语言，是亲子沟通的大忌。这些羞辱性的话语就像是毒药一样，将会摧毁孩子幼小的心灵。

当孩子被别人羞辱的时候，或许还能产生反抗的心理，但是如果被自己最信赖的父母羞辱，那么孩子就会很容易产生自我怀疑的心理，形成非常严重的心理缺陷，比如自卑、孤僻、自闭等。

当孩子被父母说是"笨蛋""愚蠢"的时候，他们就会相信父母的话，认为自己就是一个笨拙、愚蠢的人。一旦他们失败了，就会在心里对自己说："我就是一个笨蛋，总是笨手笨脚！"从那个时候起，孩子的未来和人生就彻底被毁掉了，他将永远也走不出心理的阴影，他会放弃努力，放弃前进的步伐，无法获得成功。而他的座右铭也会变成："我是愚蠢的，我不可能成功。"

因此，如果你真的爱自己的孩子，那么就换一个沟通方式吧！请多鼓励孩子，多使用带有赞许、肯定性的语言。最为关键的是，请抛弃那些羞辱性的语言。

2. 任何时候都不要给孩子偏见

偏见对一个孩子的影响究竟有多大呢？

它可以让孩子的自尊心和自信心受到严重的打击，还会让孩子对父母失去了信任感和依赖感。孩子会觉得父母总是对自己有偏见，是因为不爱他们，不信他们，更不能理解他们。久而久之，孩子就会变得自卑、紧张、困惑、彷徨，从而无法正确地认识自我。

然而在生活中，很多父母总是会戴着有色眼镜来看孩子。比如说，孩子之前说过谎，父母就觉得孩子之后会习惯性说谎。不管孩子说什么，他们都会怀疑地问"你是不是又说谎了？"

再比如，孩子以前偶尔捣乱，上课挨过老师的批评。于是在父母眼里，他就成了一个爱捣乱的孩子。即便孩子改掉了这个坏习惯，他们还是会用原来的标准来评论孩子。

有这样一个故事：

达达是一个聪明的男孩，现在已经上小学三年级了。可是他有些不爱学习，听课也喜欢走神，还喜欢耍点小聪明。

有一次，他因为考试时马马虎虎，结果数学只考了69分的成绩。为了躲过父母的责骂，他竟然大胆地把成绩改成了89分。这一下就被爸爸看出来了，爸爸妈妈非常生气，狠狠地批评了他一顿。

后来在老师的指导下，达达认识到了自己的错误。那段时间他不仅开始好好学习，还改掉了马虎的坏习惯。本来他就是聪明的孩子，只要稍微认真些就可以取得不错的成绩。于是，在下一次考试中，他取得了97分的高分。

那天，他兴冲冲地拿着成绩单回到家，等待着父母的夸奖。谁知，爸爸拿过成绩单之后，先是仔仔细细地检查了一遍，然后怀疑地问："你不是又改成绩了吧？"

达达一听就不高兴了，说道："没有，不信你好好看看。"

爸爸确实没有发现不妥的地方，便说："嗯，不错，这次确实没有改成绩。不过，你怎么进步得这么快？是不是抄别人的考卷了？达达，你要知道，作弊是最可耻的，你不能养成这样的坏毛病。"

这下达达可气坏了，他大声喊道："爸爸，你怎么这么说我？难道你就这么不相信我吗？就因为我犯了一次错误，你就认为我永远是坏孩子？你太令我失望了！"

爸爸这下懵了，说道："这孩子，我不就是问问嘛，怎么发这么大的脾气！"

后来经过和老师的详谈，达达爸爸才知道孩子这段时间确实进步了很多。这时候，他才意识到原来是自己的偏见伤害了孩子。

对于达达来说，他确实做错了事情，私下改了成绩，但是他也认识到了错误，并且积极改正了错误。他努力学习，获得了好成绩，原本希望得到父母的表扬，可没有想到却换来了父母的质疑。这使得他情绪一下就坠入到谷底，感觉自己的尊严受到了践踏和侮辱，所以达达才对父母产生了极大的不满情绪。

没有人不犯错误，孩子也一样。可也没有哪个孩子愿意被父母贴上"你就是坏孩子""你以前犯错了，现在也不会改正"的标签。因为孩子也是有自尊心的，也希望得到父母公正的评价。可如果父母不能理解孩子，总是先入为主，对孩子存在着偏见，那么孩子就会产生消极的情绪，甚至不再愿意信任父母。

所以，任何时候，父母都不能给孩子偏见，更不能戴着有色眼镜来看待孩子。而想要更好地教育孩子，使得亲子沟通变得顺畅无阻，父母就应该多关心孩子，多了解孩子，看到孩子的改变和成长，并且给予孩子正确且正面的评价。

偏见是对孩子最大的伤害，也是父母教育的最大悲哀。一旦父母用偏见来看待孩子，那么孩子就会自暴自弃，甚至故意成为父母所"期待"的那样。

请记住，千万不要让自己的偏见毁掉你的孩子！

3. 孩子再不好，也不能讥讽和嘲笑

有教育家说："讽刺就好像一堵墙，在父母和孩子之间形成一种无形的障碍，造成了父母和孩子的对抗。"然而，很多父母却不懂得这个道理，他们习惯把讽刺、嘲笑的话挂在嘴边。当孩子兴高采烈地唱歌时，父母随口就说："唱得真难听，就像是鸭子叫一样！"当孩子犯错的时候，父母就语带讽刺地说："小事都做不好，你还能做好什么事情啊！你真是笨得像头驴！"

这些讥讽和嘲笑就像是炸药一样，摧毁了孩子的自信、自尊，使得孩子幼小的心灵遭受了严重的伤害。时间长了，孩子的自信心会越来越差，最终形成懦弱、胆怯、自卑的性格，甚至还会导致心灵的扭曲。即便孩子长大成人之后，也会影响到其学习、生活、为人处世。

父母们要知道，讽刺性的负面语言给孩子心理带来的伤害，远远比肉体伤害更为严重。所以，即便孩子再不好，父母也应该注意说话的态度，不要随口说出那些讽刺和嘲笑的话来。

从小到大，乐乐好像都不喜欢和妈妈交流，有什么心事也不愿意和妈妈说。因为她觉得妈妈似乎并不怎么喜欢自己，总是在嘲笑自己。

乐乐非常喜欢唱歌，听到电视里播放动画片片尾曲，她就会跟着哼唱几句。可妈妈听到之后，却会嘲讽地说："你这唱的是什么啊？根本就不在调上，我怎么越听越像鸭子叫啊！"

乐乐听了之后，大声反驳说："怎么就像鸭子叫了！电视里面就是这么唱的啊！"

妈妈不仅没有改正自己的说法，反而笑着说："我听着就像是鸭子叫啊！"说完，还哈哈大笑起来。乐乐一气之下躲回了屋子，从此再也不愿意唱歌了。

还有一次，老师鼓励大家帮助父母做些家务，要体谅家长们的辛苦。于是，乐乐放学后，看到妈妈已经把饭做好，便主动帮妈妈拿碗筷。可妈妈看到之后，不仅没有夸奖她，反而讽刺地说："真是太稀奇了，我们的小公主竟然会干活了！这真是太阳从西边出来了！"

乐乐愣住了，她不明白：为什么自己主动帮妈妈干活，却招来了妈妈的嘲讽呢！从这之后，她几乎再也不做任何家务活了，还慢慢地不愿和妈妈交流了。

可乐乐妈妈并没有意识到自己的错误，时不时用嘲讽的语气和孩子说话。虽然乐乐妈妈并不是有意地伤害孩子，只是想和孩子开玩笑，但是她的话却深深伤害了孩子的心。这些讥讽和嘲笑就像是利剑一样，刺向了孩子幼小的心灵，让孩子对妈妈失去了信任和依赖，也让孩子失去了快乐和自信。

时间长了，乐乐不仅和妈妈的关系越来越疏远，还变得越来越孤僻、倔强。虽然妈妈发现了乐乐的改变，却不知道为什么！

苏联教育家马卡连柯说："取笑会使人失去自尊和自信。对

于正处在培养自尊和自信关键时期的孩子来说，家长在任何时候都不要取笑自己的孩子。"

然而，像乐乐妈妈一样的父母并不在少数。他们从来没有了解孩子的内心，也不懂得从孩子的角度出发，随口就说出了讽刺和嘲笑孩子的话。结果，这不仅让孩子对父母产生了敌对情绪，还让孩子失去了自信、快乐和勇气。

实际上，讥讽和嘲笑是最伤害孩子的，是最不利于孩子健康成长的。没有什么比嘲笑更能让一个孩子变得无礼、粗暴、心理扭曲。美国一家权威机构就曾经对 1 万名 0~10 岁的儿童进行了跟踪性调查，最后发现，对幼小心灵伤害最大的是来自父母的"语言伤害"。这语言伤害不仅包括责骂、痛斥，还包括了嘲讽、讥笑以及挖苦。

既然父母们爱孩子，那么就不要让自己从孩子最信赖、最亲近的人，变成伤害他们最深的人。所以，在和孩子沟通的时候，父母们一定要注意说话的方式，要用平和、友善的方式来和孩子交流，并且把讥讽、嘲笑的词语和口吻彻底剔除。

4. 别在外人面前，对孩子说长道短

我们时常会看见这样的场景：

在聚会上，孩子打翻了盘子，父母为了面子当着众人的面责骂孩子，痛斥孩子"为什么这么不小心，就不应该带你参加聚会"；

在老师的办公室，家长劈头盖脸地责骂成绩不好的孩子，说孩子给自己丢脸；

妈妈和邻居聊天时说到了孩子的成绩，总是气愤地指着孩子的头说："哎！我这个孩子就是不知道努力，学习成绩差得不行！"或者说："这个孩子就是喜欢说谎，真是气死人！"

......

这种当面教子的情景时常出现在我们的视野中，因为在我们中国人心里，孩子就应该是被当众教育的，毕竟《朱子家训》很早之前就告诉我们要"堂前教子，枕边训妻"。或许这些父母认为，当着外人面前教训孩子，会让孩子产生羞耻心，更深刻地认识到自己的错误，避免以后再犯类似的错误。

可是这种教育理念真的正确吗？

答案是否定的。当众批评孩子，对孩子说长道短，甚至是一顿打骂，不仅无法让孩子尽快改正错误，反而会伤害了孩子的自尊心，使他们在别人面前抬不起头。

要知道，不管是多小的孩子，都是有着羞耻心和自尊心的。虽然他们也知道自己身上有这样那样的缺点，虽然他们也明白犯了错误要接受父母的批评，但是如果父母把这些事情公之于众，让家人之外的人知晓，那么他们就会产生强烈的羞辱感，无地自容。

因此，作为父母，应该从孩子的角度思考问题，考虑孩子的感受和自尊，尽量避免在外人面前批评孩子，更不要把孩子的缺点向外人张扬。当孩子在公众场合犯错的时候，父母应该给予暗示，如果孩子继续胡作非为，父母就应该严格制止。

但是要记住，千万不要当众指责和批评孩子，而是应该回到家之后再对他进行批评；或是把孩子叫到一旁，进行私下批评。这样不仅会维护了孩子的面子和自尊，还可以让孩子感受到父母的宽容，从而促使他们更愿意改正自己的错误。

在一次家长会上，老师点名批评了强强，说他最近注意力不集中，而且还故意带着同学们捣乱。老师希望家长能够重视起来，多多引导和教育孩子。强强爸爸感到非常尴尬，觉得孩子让自己丢尽了脸，心想：一定好好教训这个孩子！

回家的路上，爸爸看到强强正在草坪上和小伙伴们玩足球，玩得不亦乐乎。爸爸更加气愤了，大声地把孩子叫到身边，想要把孩子大骂一顿。可是看到孩子的小伙伴正看着这边，路上还有来来往往的家长，强强爸爸突然冷静下来。他不禁想：如果在这里训斥孩子，孩子的脸面会挂得住吗？孩子的内心会好受吗？

想到这里，爸爸尽量控制住了自己的情绪，对强强说："强强，我有些事情和你说，我们回家吧！你去和小伙伴们说一声。"强强也知道自己最近的表现不好，便乖乖地跟着爸爸回家了。

回到家后，爸爸说："你知道我想和你谈什么事情吗？"

强强点了点头。爸爸接着说："你最近的表现有点让人失望，不过我希望你能尽快改正，我也相信你能做到。"

强强原以为爸爸会严厉地批评自己，没想到爸爸不仅没

191

有当众训斥自己，还包容了自己的错误，他感到非常感动和自责。于是，强强决定好好地表现，不辜负爸爸的希望。最后，在爸爸和老师的引导和帮助下，强强改掉了注意力不集中的毛病，并且再也不故意捣乱了。

试想，如果强强爸爸当着那么多人的面把孩子痛骂一顿，结果会怎样？孩子肯定会觉得爸爸让自己很丢脸，让自己在外人面前抬不起头来。这样一来，他还愿意改正错误吗？

其实，当着外人的面训斥自己的孩子，并不是明智的选择。如果父母不能了解这一点，那么你会发现，孩子越来越固执、反叛，并且对父母充满了敌意。

所以，英国作家洛克对父母们提出了建议："对儿童进行批评时，要在私下里执行；对儿童的赞扬，则应当着众人的面进行。儿童受到赞扬后，经过大家的一番传播，意义会很大，他会感到骄傲并以此为目标，并在以后的岁月里更加努力去获得更大的赞扬。而当众宣布他的过失，会使他无地自容，会使他失望，因而父母制裁他的工具也就没有了。"

想要营造良好的亲子沟通氛围，那就避免当着别人的面训斥孩子，尽量让批评在私下悄悄地进行吧。

5. 别把那些负面标签贴在孩子身上

天下没有不爱自己孩子的父母，这一点是毋庸置疑的。但是有些时候，父母会因为生气、愤怒而把孩子的某一缺点、错误无限地扩大，随即给孩子贴上负面标签。

看到孩子犯了错误，就给孩子贴上了"笨蛋"的标签；看到做不好一件小事，就给孩子贴上"一无是处""什么也做不好"的标签；孩子偶尔犟嘴了，就给他贴上一个"不听话"的标签……

也许父母这样做是无心的、随口说出来的，但事实上，这不仅会伤害孩子的心，还会影响孩子今后的行为发展模式。孩子可能会认同父母的说法，认为自己就是如同父母说的那样，然后他们会真的向着负面标签的方向发展，心甘情愿成为那样的人。

然然刚刚上幼儿园中班，平时聪明可爱，可就是不敢在人前表现自己。元旦晚会的时候，老师安排然然和几个同学表演儿歌，她在家里练习得很好，可看到这么多家长在下面看着，就不好意思上台了。

妈妈尴尬地说："这孩子平时在家里挺活跃，可到了公开场合就变成胆小鬼了！"老师和其他家长善意地笑了笑说："没什么，孩子都比较害羞！不过孩子总是这样也不好，不利于以后的成长。"

妈妈说："我也知道，可是就是没有什么办法。孩子从小就这样，在家里什么都敢说，可到了外面就像一个胆小害羞的小猫一样。哎，也许孩子的性格就是这样吧！"

老师听完，觉得然然妈妈的话好像有些不对劲。于是她便问然然说："然然，你想要表演节目吗？"然然轻轻地点了点头。

老师说："那你想上舞台吗？敢上舞台吗？"

然然说："我想上去，可是因为胆小不敢上去。我就是胆小害羞，妈妈时常这么说我。"

从上面的对话可以看出，然然之所以越来越胆小，不敢在别人面前表现自己，是与妈妈平时所说的话分不开的。因为妈妈给然然贴上了"胆小""害羞"的负面标签，所以就连她自己都认为自己就是这样的人。之后，然然被禁锢在这个所谓的负面角色中走不出来了，真正失去了表达自我的勇气。然然的妈妈一定没有想到，自己贴给孩子的"胆小"标签，对孩子的影响这么大。

其实，很多孩子的天性都是害羞的，在最开始接触其他人，或是面对众多陌生人的时候，他们都会有些胆怯、害羞。这个时候，父母如果能够给予孩子正面的鼓励，告诉他们"你能行""你很棒"，那么孩子就会变得越来越敢于表现自己，而且还会变得更加开朗活泼、自信勇敢。可一旦父母给孩子贴上"胆小"的标签，那么孩子就会如你所说，变得越来越胆小了。

人是一种渴望被别人肯定、理解、赞扬的高级动物。孩子们需要的是父母正面的说教，而不是消极的暗示。或许孩子身上确实有父母所说的那些缺点，比如胆小、害羞、脾气暴躁等等，但正是因为如此，作为父母才应该积极地引导孩子，调动他们的潜能，让其改正缺点并且发挥优势。

父母要明白，孩子就像一张白纸，孩子在父母的言谈中得知自己是什么样的人，那么他们就会成为什么样的人。所以，作为父母，千万不要再将下面这样的负面标签贴在孩子身上：

当孩子把家里弄得乱七八糟的时候，就说孩子："坏孩子，捣蛋鬼"；

当孩子没有和父母打招呼的时候，就说孩子："内向，不爱说话"；

当孩子成绩不好的时候，就说孩子："笨蛋，没有出息"；

当孩子不想做家务的时候，就说孩子："懒惰，不爱干净"；

诸如这样的负面标签还有很多："自私""没礼貌""顽皮""愚蠢""臭美"等等。

当然，不仅仅是负面标签，正面的标签也会影响孩子。比如"聪明""优秀"等，这些标签会让孩子错误地判断自己，甚至为了达到父母的期望，强迫自己做出不情愿的事情，失去了原本的天真和自然。

6. 爸妈唠唠叨叨，孩子怒火中烧

如果问孩子：父母最令人反感的事情是什么？相信很多孩子都会选择唠叨。

事实上，90% 的孩子都对于父母的唠叨感到厌烦，甚至有时会感到怒火中烧。而心理学家研究发现，产生心理问题的孩子有很多，90%的心理问题都源于父母，其中的60%源于父母的唠叨。

　　这样的结果可能会让很多父母感到不理解，认为自己不过是多说了几句，孩子怎么就这么不耐烦了呢？自己明明是为了孩子好，可是孩子怎么就不领情呢？

　　我们不妨换个角度想一想，如果有一个人每天在你耳边唠唠叨叨，你不会烦吗？你肯定会觉得烦躁不已。相同的话每天都在耳边重复，落在谁身上都会无法忍受。大人尚且如此，更何况年纪小的孩子？

　　上小学的小雷因为一件小事和同学发生了矛盾，一气之下用石头把同学的头打破了，为此老师和父母对小雷进行了严厉的批评。小雷也认识到了自己的错误，并且做了深刻的检讨。

　　但是小雷父母显然没有忘记这件事情，那段时间，父母时不时就把这件事情拿出来唠叨几句："你真是太过分了，怎么能打架呢？还把人家头打破了！""你要是再打架，看我怎么收拾你！""还好那位同学的家长没有追究，否则你就惨了，肯定背个处分。这样一来，你的前途就没有希望了！"

　　开始，小雷还觉得自己确实做错了，应该接受父母的批评。可是到了后来，面对父母没完没了的唠叨，小雷开始感到厌烦不已。他不禁想："我都已经认识到自己的错误，并且改正了，你们为什么还没完没了地指责呢！"

　　最后，当妈妈再次唠叨的时候，小雷终于忍不住爆发了。他愤怒地说："我早就已经改了，你们为什么没完没了地说个没完！难道我犯一次错，就要被你们唠叨一辈子吗？"

没错，爱唠叨可以说是绝大部分父母的通病。而且这种唠叨可能是事无巨细，不分场合和时间的，还没完没了。这种唠叨有的是叮嘱、期望，有的是批评、责骂，有的甚至是毫无目的。

父母们觉得唠叨是为了孩子好，却让孩子们无法忍受。其实，问题关键在于，很多父母并不知道如何和孩子进行有效的沟通。他们认为有些话重复的次数多了，孩子就会记在心中。

于是当孩子因为看电视而不去做作业的时候，父母就会反复地说："快点去做作业""每天就知道看电视，不知道好好学习"。接下来，在反复唠叨中，父母由批评孩子爱看电视，不爱做作业，扩展到孩子不爱学习，学习成绩差，再到懒惰、不努力，再到孩子没有出息，不懂得体恤父母的辛苦……

试想一下，这样的唠叨有效果吗？这样的唠叨是否起到了教育孩子的作用呢？没有！

那么，父母应该如何避免唠叨呢？如何避免让孩子对自己的教育不反感呢？

1. 孩子犯了错，父母要就事论事

孩子做错了事情，父母就会批评、责骂，这是无可厚非的。可是，有的父母却不能做到就事论事，而是喜欢把孩子很多错误拿出来说，反复地说，最后发展为没完没了的唠叨。

这样的批评和责骂对于孩子改正错误是没有任何用处的，

不仅会让孩子觉得父母一直抓住自己的错误不放，产生抵触心理，还会让孩子不愿意接近父母，不愿意与父母沟通。

所以，批评不能超过限度。如果孩子犯了错误，父母就应该简单地批评教育，让孩子知晓自己错在哪里就好。唠唠叨叨的责骂，不断地重复相同的道理，只能让孩子厌烦。如此一来，教育的初衷就失去了。

2. 很多事情说一遍就好了

事实上，很多话说一遍就够了。

当孩子犯错了，父母明确地指出其错误，然后给孩子认识错误、反省自己的时间和空间，或许效果比不停地唠叨要好上很多；当孩子做的事情不尽如人意，父母耐心地说出自己的期望，并且给予孩子正面的鼓励，或许孩子就能明白父母的苦心，努力让自己做得更好。

3. 不要发泄自己的情绪

很多时候，父母唠叨孩子不是为了教育孩子，而是为了发泄自己的情绪。他们只是沉浸于自我感受的表达之中，或是在为自己的辛苦找平衡感，或是在抱怨孩子不懂得自己的付出。

而这样做的结果就是，父母只顾着发泄自己的情绪，而忽略了孩子的感受。如此一来，孩子怎么能不厌烦？

总之，想要更好地教育孩子，父母们就应该学会正向说教，避免不停地唠叨，如此才能更好地与孩子进行良好的亲子沟通。

7. 别为了让孩子听话，而制造孩子的罪恶感

很多父母时常对孩子说这样的话：

"孩子，我和你爸爸为了你辛苦工作，你可要争气啊！你一定要考上一所好的大学啊！"

"我这么没日没夜地工作都是为了你，结果你却这么不听话，这真是太令我伤心了！"

"你如果真的爱爸爸妈妈，就应该听我们的话。"

"要不是为了你，我早就……"

"你知道你这样做，我们多伤心吗？……"

父母说这些话，表面上是在告诉孩子自己有多辛苦，或是自己有多爱他，可实际上，却是为了让孩子听自己的话，而制造孩子的罪恶感。

这些父母表面上为了孩子好，实际上却是想要控制孩子，让孩子按照自己的意愿来行动。他们希望孩子能够对父母感恩，希望孩子能够达到自己的标准。至于孩子内心的想法是什么，他们根本没有考虑。

殊不知，这样的教育对于孩子的成长是非常有害的。它会让成长中的孩子背负过重的负担，孩子往往会认为父母的不幸、生活的艰辛、精神状态不佳等问题，都是自己造成的。他们会觉得自己亏欠父母很多很多。生活中，孩子只要犯一点小

错，比如考试没考好、惹父母生气，或是打翻了一杯水，他们都会产生严重的罪恶感，觉得自己对不起父母，认为自己是一个坏孩子。

久而久之，孩子会变得越来越怀疑自己，变得越来越自卑。一旦有事情时常做不好，就会产生自暴自弃的想法。更为严重的是，这种沉重的压力和强烈的负罪感，会压得孩子喘不过气来，给孩子带来诸多负面情绪和潜在的不安感，甚至造成一生的心理阴影。

兰兰生活在一个普通的家庭，父母以卖菜为生，每天都是早出晚归，生活非常艰辛。但是为了兰兰能够有出息，他们还是让孩子上了不错的学校，给孩子报了各种学习培训班。

为了刺激孩子的进取心，让孩子好好学习，父母总是把这句话挂在嘴边："孩子，你一定要努力啊！你是我们全家的希望啊！全部都是为了你，我们才这么辛苦地工作！"

兰兰也知道父母的艰辛，所以她比任何同学都努力勤奋：上学认真听课，积极完成作业；每天晚上做各种练习，不到11点都不睡觉。由于父母每天都非常忙碌，没有时间照顾她的生活，所以她都是自己照顾自己，有时还会帮父母做一些家务。与那些娇惯的孩子相比，兰兰可以说是非常乖巧懂事的。

可随着父母的期盼越来越高，兰兰的压力也变得越来越大。尤其是进入高中以来，兰兰的压力就更大了，因为人外有人天外有天，自己即便再努力也不可能始终名列前茅。

这时候，父母就总会催促她好好学习，让她不要辜负父母的期望和付出。只要兰兰的成绩稍微有所下降，父母就会抱怨地说："我们这么辛苦都是为了你，你怎么这么不努力呢！"或是兰兰稍微有些懈怠，妈妈就会立即说："孩子，别忘了你可是我们全家的希望啊！"

为了不辜负父母的希望，兰兰只有坚持努力地学习，每天只睡几个小时的觉。可就是因为太辛苦了，兰兰的身体状态和精神状态都出现了问题，结果高考成绩并不理想。

这下兰兰彻底被打垮了，她觉得自己太对不起父母了。强烈的罪恶感让她产生了自杀的念头，还好被老师及时发现，才避免了一场悲剧。

正是因为父母过高的期盼，让兰兰失去了十几岁孩子应有的活泼和无忧无虑。也是因为父母给孩子制造的罪恶感，压垮了兰兰柔弱的肩膀，几乎将她逼上了绝路。这真的值得所有父母警醒。所以，父母要记住，千万别为了让孩子听话，就制造孩子的罪恶感。

作为父母应该知道，为了让孩子听话、努力，而制造孩子的罪恶感是非常错误的行为。这或许能刺激孩子积极进取，但也给孩子带来了巨大的心理压力。

如果你对孩子有所期望，希望他能够努力学习，那么就应该直接提出自己的期盼，鼓励孩子积极进取。比如说"我希望你好好学习""我希望你能考上不错的大学"，这样正面的鼓励和支持才是对孩子最有效、最好的教育。

第九章

从孩子的角度，
换位思考让亲子矛盾烟消云散

美国教育学家塞勒·塞维诺说："每个人观察问题，都会有自己的视角和立足点，而地位和身份的不同就会导致所得出的结论不同。父母和子女在年龄上、身份上的差异是影响沟通的重要原因。如果父母能够站在孩子的立场上思考，一切将迎刃而解。"

没错，只要父母能够从孩子的角度出发，学会换位思考，那么亲子矛盾就会烟消云散。

1. 你的想法不是孩子的想法，别硬塞给他

    爱孩子，是所有父母的一个共性。可是很多父母的爱却是自私的，他们把孩子当成是自己的私有物品，不仅想要支配孩子的生活，更想要控制孩子的思想和想法。于是，这些父母总是把自己的想法强塞给孩子，不管孩子内心是怎么想的，不管孩子愿不愿意，还美其名曰：为了孩子好。

    孩子小时候，可能没有办法去争取自己的权利，只能完全按照你的想法去做。可随着年龄的增长，孩子有了自己的思想和想法，有了独立的意识和思维，那么就会产生逆反心理，想要按照自己的想法去做事。

    这时，如果父母还想把自己的想法强塞给孩子，那么只能破坏与孩子的亲子关系，让孩子拒绝和父母沟通。

    萧萧是一个学习优秀的孩子，从小到大听父母的话，积极努力，并且一直是班级的学习委员。虽然担任班干部需要处理很多事情，使得学习变得紧张忙碌，但是萧萧却乐在其中，并且认为这样的生活锻炼了自己的能力。

    萧萧妈妈一直反对萧萧担任班干部，觉得这耽误了孩子的学习，可拗不过孩子便没有强求。到了初三的时候，妈妈强烈反对萧萧再当学习委员。她对孩子说："你不要再参加学习委员

的选举了。因为你马上要中考了，这个关键时刻可不能再耽误学习时间了！"

萧萧立刻反驳说："这并不影响我学习啊！而且我还觉得这有利于提高学习成绩呢！"

妈妈听了，生气地说："我一直反对你当什么班干部，不过看你学习成绩还算好，就没有强烈反对。这次我绝不能依着你了，你必须把时间和精力都用在学习上，否则怎么考上重点高中！"

之后萧萧妈妈看萧萧不肯按照自己的想法去做，竟然私下给班主任打了电话，强行让孩子退出了竞选。这下萧萧可气坏了，和妈妈闹了很长时间的别扭。谁知中考的时候，萧萧妈妈竟又强迫孩子按照自己的想法填报志愿，使得孩子上了一所并不喜欢的高中。

面对妈妈一次次不顾自己的想法和强迫自己做不喜欢的事情的行为，萧萧感到十分压抑和失望。于是她开始变得越来越叛逆，越来越不愿意听妈妈的话，更不愿意和妈妈交流。

到了高考的时候，萧萧不顾妈妈的再三阻拦，毅然报考了一所离家很远的外地大学。目的就是远离妈妈，摆脱妈妈的控制。而萧萧的妈妈直到最后也没有明白，为什么孩子越来越叛逆，宁愿惹自己生气也要选择远离自己。

其实，这个问题很简单，那就是萧萧妈妈从来没有站在孩子的角度上思考问题，不仅忽视了孩子的想法，更忽视了孩子想要独立自主的意愿。她觉得自己这样做是为了孩子好，却没有想过孩子究竟想要什么。

要知道，这不是爱孩子的表现，而是对孩子极大的不尊重和伤害。孩子有自己的想法，想要过自己的人生，那么父母就不能打着为孩子好的招牌，强行把自己的想法硬塞给孩子。退一步说，即便父母的想法比孩子的更好，对于孩子的成长更有利，但是只要孩子不想这样做，父母也不能强迫。

父母也是从孩子那个阶段成长过来的，不妨想一想：自己小时候，是否也愿意让父母支配自己的生活，控制自己的想法？即便是成人之后，你是否愿意完全按照别人的意愿去做事情？答案必然是否定的。没有人愿意接受别人强塞的东西，不管是实物还是想法。孩子也是如此。

所以，想要和孩子建立良好的亲子关系，并且消除亲子之间的矛盾，父母就应该尊重孩子的想法，让他们完全按照自己的想法去做事情。即使孩子的想法是幼稚可笑的，也不能嘲笑和打击，而是应该给予孩子耐心的指导，引导他们完善自己的想法，成熟自己的想法，从而做出正确的事情。

2. 你接纳了孩子的感受，孩子才会接纳你的意见

有一个词叫作感同身受，意思是体会别人的感受，就像是亲身经历和领受了一样。

在亲子教育中，父母们都应该理解这个词语并力求做到感同身受。要接纳孩子的感受，体会孩子的感受。

可生活中，很多父母不仅不能接纳和体会孩子的感受，还常常否认孩子的感受。这会让孩子很难积极地配合父母的行动，很难心甘情愿地听父母的话。结果，父母因为孩子的不配合而搞得自己筋疲力尽。

不妨看下面两个情景：

情景一：

小华和妈妈刚刚从公园回来，妈妈便对孩子说："宝贝，你赶紧去洗手，我们一会儿就吃饭了。"

小华说："妈妈，我累了。我一会儿再去洗手……"

妈妈却说："你只是玩了一会儿，怎么会累呢？赶紧去洗手，一会儿就要睡午觉了……"

小华说："我真的累了……"

这时，妈妈不仅没有体谅孩子，反而有些生气地对孩子说："别闹了！你就是有些懒，你再这样我就生气了！"

结果小华因为妈妈不能体会自己的感受而闹起了别扭，说什么也不愿意洗手，就连饭也没有吃好。而妈妈则因为孩子无缘无故闹情绪而生气，不分青红皂白地骂了孩子一顿。一个中午的时间，家里变得一阵"鸡飞狗跳"。

情景二：

小伦刚刚进幼儿园，没几天就和小朋友打成了一片。每天放学之后，他都不愿意回家，想要在幼儿园多玩一会儿。不过在妈妈眼里，小伦却不是个听话的孩子，因为自己每次催他回家，他都非常不情愿。有时妈妈催急了，他还会大声哭闹，嚷嚷着不想回家。

有一天，妈妈实在气坏了，就打了小伦屁股几下，还批评小伦说："你这孩子真不听话！每次都不愿意回家，这是太气人了！"这下小伦可委屈坏了，一边哭一边闹。妈妈没有管他，反而生气地说："哭什么，有什么好哭的？你也不怕丢人。"

　　说完，妈妈并没有像往常一样哄着小伦，而是任由他哭闹。可越是这样，小伦就越感觉委屈，哭起来没完没了，直到哭得没力气了才停下来。

　　小伦这样的行为把妈妈搞得心力交瘁，她不知道如何才能解决这个问题，更不知道如何处理孩子的无理取闹。

　　从上面的两个情景，我们可以看出来，这两个母亲都没有能够了解和体会孩子内心的感受，所以最后才引发了一场亲子矛盾。如果妈妈们能够从孩子的立场着想，当孩子说累的时候，接纳孩子的感受，给予孩子安慰，对孩子说"我知道你玩累了，那就休息一会儿再洗手吧"或是说"你上午玩得确实比较疯，不过妈妈也不轻松啊，我们一起休息一会儿吧"。相信孩子肯定不会闹情绪了，还会体谅妈妈的辛苦；而当孩子不愿意和小朋友分离时，或是孩子哭泣的时候，如果妈妈能够体谅孩子的心情，给予孩子安慰，对孩子说"我们明天再和小朋友玩，好吗？""其他小朋友也要回家啊，我们明天再约，好吗？"那么孩子就不会用大哭大闹来表达自己的不满了。

　　孩子与父母对抗，并不是故意惹父母生气，而是一种真实情绪的流露。他们是在用行动来告诉父母：你们可不可以理解我的感受，可不可以听听我的内心话！

其实，想要解决问题并不难，关键在于父母能够从孩子的角度出发，理解并接纳孩子的情绪，告诉孩子我理解你。只要让孩子知道父母已经理解了他们，那么孩子就不会产生排斥心理，并且会愿意接受父母的建议。

当然，只是简单地说"我了解你的感受"还是不够的，父母还要尝试着肯定孩子的感受，与孩子产生共鸣，与孩子感同身受。这样一来，孩子才能知道你真正理解他，并且感觉到自己的感受得到了重现。

所以，父母们不妨学会换位思考，理解并接纳孩子的感受，当你这样做了之后会知道，建立和谐的亲子关系并不是那么困难的事情。

3. 当孩子表达感受，一定要及时做出积极回应

作为父母，你是否发现，当孩子表达感受的时候，自己的反应总是很消极，很少给孩子积极的回应。

当孩子兴高采烈地说着有趣的事情时，我们总是心不在焉地应和着，"嗯，这很有意思""是吗？""哦！"于是，我们没有发现孩子的兴致越来越低，脸上没有了之前的神采飞扬；

当孩子向我们倾诉自己的伤心事，说自己和好朋友发生了矛盾时，我们还是没有停下忙碌的手，只是随意地说："好朋友不应该发生矛盾"，或是"你是不是做错了什么？"结果，孩子

的情绪更低落了，脸上升起了一阵沉沉的落寞；

当孩子拿出出色的成绩，说自己如何努力才获得第一名的时候，我们只是简单地说上一句"真不错"，然后就把孩子的卷子放在了一边⋯⋯

直到很久之后才发现：孩子不再愿意和自己说话了，更不愿在父母面前表达他们的感受了。可是父母们却不知道这究竟是为什么，甚至埋怨孩子越来越和自己疏远。但其实父母又何尝反省过自己，为什么孩子会这样？

当孩子表达自己的感受的时候，你都没有耐心地倾听，并且给出积极的回应，又怎么奢望孩子一如既往地向你倾诉呢？

所以，作为父母不仅要理解和接纳孩子的感受，更应该在孩子向你表达感受的时候，及时做出积极的回应，给予孩子安慰、鼓励、支持。

婷婷爸爸一下班，就看见女儿一个人坐在沙发上，情绪非常低落，完全没有平日里的活泼。

爸爸问道："宝贝，今天怎么了？你为什么会不高兴？"婷婷没有抬头，低声说："没有什么。"爸爸觉得不对劲，于是便询问接婷婷回家的妈妈。妈妈说："我也不知道怎么回事。回来的路上，孩子还高兴地说自己受到了表扬，我当时说了句真不错，然后就赶紧回家做饭了。我没有发现她有不高兴啊！"

爸爸这才明白婷婷情绪失落的原因是什么：孩子受到了表扬，高兴地向妈妈倾诉，可妈妈并没有为孩子高兴和自豪，反而只是敷衍了事地应承一句，孩子怎么能高兴得起来呢？

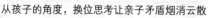

于是爸爸坐在婷婷身边，微笑着说："宝贝，听说你今天受到了表扬，爸爸真是为你高兴！你当时一定很高兴、兴奋吧，来和爸爸说说，让爸爸也分享你的喜悦！"

听爸爸这样说，婷婷立即来了精神，她开始说老师为什么表扬自己，说同学们对自己的羡慕，说自己的兴奋和骄傲……

爸爸认真地倾听孩子的述说，脸上还露出了喜悦的表情。最后爸爸还对孩子说："孩子，你真是太棒了，真是爸爸妈妈的骄傲。相信你只要努力，一定会做得越来越好！今天让妈妈多做几个好菜，我们一起庆祝庆祝吧！"

婷婷听了，高兴地说："真是太好了！爸爸，我一定继续努力的，不会让你们失望的！"

婷婷妈妈和爸爸的行为截然不同，而孩子的前后反应也形成了鲜明的对比：在孩子表达自己的喜悦和骄傲时，妈妈虽然给了回应，却只是敷衍了事。这让孩子觉得自己的成绩和感受并不受妈妈重视，所以她才会情绪低落、不高兴；而爸爸则积极地给予回应，并且表现得比孩子还兴奋。这无形给了婷婷一个感觉：爸爸为自己骄傲，他认为我是最棒的孩子！得到了这样的暗示，婷婷的情绪怎么能不高？又怎么会不更加积极地分享自己的事情和心情呢？

没有人喜欢被忽视，孩子更是如此！不管在什么时候，当孩子在表达自己的感受、成绩、委屈的时候，父母都应该耐心地倾听，并且积极地做出回应，而不是用"嗯、哦、哇、是哦、然后呢"，以及"还有呢"等这样的话来回应。

因为只有你积极地做出了回应，孩子的情感需求才能得到满足；而只有他们的情感得到了满足，他们才更愿意和父母表达自己的感受。这是一个良性循环的过程。

4. 你也会犯错误，引导孩子弥补而不是一味指责

罗伯特是一位在医学领域有过突出贡献的科学家，当记者问他为什么会取得如此成就，为什么会具有超乎寻常的创造力时，他说："这和我小时候，我母亲对我的教育有很大的关系。"

记者们都有些迷惑不解，之后罗伯特讲述了自己的故事：

在我两岁的时候，有一次我想要喝牛奶，于是便一个人到冰箱里拿。可是牛奶瓶子太滑了，我的年龄又太小，所以一不小心牛奶瓶就掉到了地上，牛奶洒得满地都是。

我站在那里不知所措。母亲看见之后，她并没有对我大吼大叫，也没有因为这个错误而惩罚我。她只是走过来，对我说："哇，罗伯特你制造了一个麻烦，不过这个麻烦真是太棒了，我从来没有见过这么一大摊牛奶。反正牛奶已经洒了，那么在我们把它打扫干净之前，你想不想玩几分钟？"

我听了母亲的话感到非常高兴，立刻就在满地的牛奶中玩了起来。几分钟后，母亲对我说："罗伯特，现在玩耍的时间已经结束了。那么我们就应该把它打扫干净，把每件东西都按原样摆放好。我们可以用海绵、毛巾，或是拖把来把牛奶打扫干净，那么你打算用哪一种呢？"

我选择了海绵，于是妈妈就和我一起用海绵吸牛奶。等我们把满地的牛奶打扫干净后，母亲又对我说："罗伯特，刚才你用自己的两只小手拿起大瓶牛奶的实验已经失败了。那么，我想你应该学习如何用小手牢牢地抓住瓶子，而不让它掉在地上。"

接下来，我和母亲来到了院子里，把瓶子装满了水。妈妈让我尝试把水瓶拿起来，我尝试了很多次，最后发现只要用双手抓住顶部靠近瓶嘴的地方，瓶子就不会从我的手里滑落。

最后，罗伯特对记者说："从那之后，我知道我不必害怕犯任何错误，因为母亲总是能够耐心地引导我，并且可以让我从错误中学到很多东西。错误是学习知识的最佳良机，科学实验也是如此。我懂得了这个道理，所以才能从一次次错误中找到成功的途径。"

记者们感叹道："这真是一堂很棒的课！"

相信很多父母都会被这个故事所感动，并且明白这样一个道理：当孩子犯错的时候，发火责备孩子都是无济于事的，这对于孩子改正错误没有任何用处。只有耐心地引导孩子弥补错误，并教会他们如何避免再犯类似的错误才是最重要的。

父母们还要明白，你是在养孩子，不是在养花、养器具，所以不要因为孩子不小心毁坏了这些物品就迁怒于孩子。如果孩子一旦打破了东西，父母就大声地责骂，那么孩子就会产生这样的想法：爸爸妈妈并不爱我，他们更爱这些花、盘子。如此一来，孩子不仅不会心甘情愿地改正错误，还会因为误会父母不爱自己而不愿意接近父母。

而如果能够像罗伯特的母亲一样，耐心地对待孩子的错误，并且明确地告诉孩子如何弥补错误，如何避免错误，那么孩子就会受益匪浅。他们不仅会感受到父母对自己的爱，更能从中学到很多道理。

所以，在教育孩子的过程中，引导的效果永远优于说教和打骂。更何况每个人都会犯错误，作为父母也是如此，那么为什么要苛刻地要求孩子，严厉地对待孩子呢？

5. 不是每个孩子都是天才，请放弃过高的期待

法国著名教育家卢梭在《爱弥儿》一书中指出：儿童期的存在是自然规律。他说："大自然希望儿童在成人以前就要像儿童的样子。""如果我们打乱了这个秩序，我们就会造成一些早熟的果实，它们长得既不丰满也不甜美，而且很快就会腐烂，我们将造就一些年纪轻轻的博士和老态龙钟的儿童。"

可是，现在很多父母都希望自己的孩子是天才，或是希望把自己的孩子打造成天才。他们对孩子有很高的期望，于是千方百计地让孩子上最好的学校，接受最好的教育，力求孩子能够成为最出色的人才。即便有时候他们明知道孩子无法达到自己过高的期望，依然不肯接受现实，不断地给孩子施加压力。

而这样的孩子或许只有两种出路，一是背负着父母的压力艰难地前行，内心痛苦无比；一是产生排斥心理，开始自暴自弃，不愿意再付出任何努力。但不管是哪一种结果，这个孩子

的未来都不可能变得美好。

所以说，父母过高的期望值，很多时候会成为戕害孩子的凶手。作为父母，要懂得尊重孩子的个性和天性，不能过高地要求孩子。

像很多望子成龙、望女成凤的父母一样，菲菲的父母对于孩子寄予了殷切的期望，希望孩子能够上名校，找到好工作，从而赢得"辉煌的人生"。

菲菲父母是这样想的，也是这样做的。所以，从菲菲上小学开始，他们就给孩子实施"精英教育"，给孩子报了很多特长班，美术、英语、舞蹈、钢琴等培训班一个都不能少。他们还要求菲菲每次考试都考第一。为了达到父母的期望，菲菲非常努力刻苦地学习，每天学习到很晚，周末还要往返于各种培训班之间。

幸好，菲菲的努力获得了回报，在小学和中学成绩都是名列前茅，并且以优异的成绩考上了一所重点高中。但是，菲菲父母却认为这所高中并不能让孩子有最好的发展，于是不惜找人托关系，花了几万元赞助费让菲菲上了一所省重点高中。

进入这所学校之后，菲菲面临着更大的压力，因为这里的人都非常出色，自己就像是一个丑小鸭一样。

菲菲一边要面对着学校的压力，一边又要面对着父母过高的期望，心理压力变得越来越大，甚至开始变得有些忧郁。她开始厌恶学习，厌恶这所学校。最开始，她还和父母谈过，希望他们能让自己转到普通学校，却换来了父母的唠叨和埋怨。于是，她不再和父母沟通，而是把所有的压力和负面情绪埋在心里，结果患上了严重的抑郁症……

而当班主任向菲菲父母反映问题的时候，他们竟没有想到自己过高的期待让孩子变成了这样。

这个故事足以给那些想要逼子女成龙成凤的家长敲响警钟。并不是每个孩子都是天才，如果身为父母不能从孩子的实际情况出发，不考虑孩子的心理健康，对孩子的期望太高并一味地逼迫孩子，那么这样的期待只能害了孩子。

相信，这不是深爱孩子的父母们所愿意看到的。

那么，请放弃对孩子的过高期待吧！作为父母，应该做的是，尊重孩子的个性和天性，结合孩子的能力制订切合实际的计划和目标，然后让他一步一个脚印地前进。如此一来，孩子们才能成就最好的未来，成就最出色的自己。

6. 你当年的遗憾，没有理由让孩子替你承担

有这样一句话："世上有一种鸟，自己飞不起来，就在窝里下个蛋，让下一代使劲飞。"其实，用这句话来形容有些父母，是再贴切不过的。

因为在这些父母看来，孩子就是他们的希望，不仅背负着改变一个家族命运的使命，还背负着完成父母理想的使命。父母年轻时想要考上清华北大，却由于种种原因没能得偿所愿，于是便把希望寄托在孩子身上，逼迫着孩子努力学习；父母年

轻时想要成为舞蹈家、或是科学家、或是文学家，但偏偏缺少了那种天赋，于是就把孩子当成是最后的希望，让孩子帮助自己完成夙愿……

可是这些父母不知道，孩子的未来是他自己的，孩子的人生也是他自己的。每个孩子都有过好自己人生的权利，而不应该为了弥补父母当年的遗憾，过成父母所希望的样子。

因此，父母们都应该明白一个道理：你生育了孩子，也给予孩子教育，但是孩子的未来却不属于你。即便你给予孩子再多，也不能用孩子的未来为你做补偿，更不能奢望你当年的遗憾由孩子来替你承担。

一位年轻母亲的梦想是成为一名优秀的舞蹈家，可由于种种原因，梦想并没有能实现。

女儿出生之后，她便把自己的梦想寄托在孩子身上，希望让孩子来替自己实现梦想。所以，女儿刚刚 3 岁的时候，她就把孩子送进了舞蹈班。可孩子毕竟太小了，辛苦的训练让她失去了学习舞蹈的兴趣，所以不止一次哭着说不愿意学习舞蹈。

孩子的请求并没有得到这位母亲的重视，她每次都对孩子说："你看看那些电视上的舞蹈家，舞姿多么优美啊！练习舞蹈可以让你更漂亮，让你更有气质，而且将来你一定会更有出息的。"就这样，女儿在母亲的鼓励下，又练了几年舞蹈。可是女儿偏偏也没有成为舞蹈家的天分，所以成绩并不突出。

一次，市里举行了少儿舞蹈大赛，获胜者可以获得到北京舞蹈学院学习的机会。这位母亲好像看到了希望，她每天都对孩子说："宝贝，你可要抓住这次机会啊！如果你能到北京学习，一定会跳得越来越好。"

　　于是，那段时间她每天都督促孩子练习好几个小时，可比赛结束后，孩子的成绩并不好，与优胜者有很大的差距。这一天，母亲垂头丧气地带着孩子回到家，孩子看到妈妈黯然的神情，安慰地说："妈妈您别伤心了，我……"

　　孩子的话还没有说完，母亲就激动地说："你知道什么？如果你不能进入这所学校，那么成为舞蹈家的梦想就更难以实现了！看看你不争气的样子，你为什么就不能更努力些呢！"

　　听了妈妈的话，孩子非常伤心。她没有想到自己的努力却换来了母亲的责骂，于是便生气地反驳道："我又不想学舞蹈，我的理想也不是成为舞蹈家！这是你的理想，不是我的！你整天就知道逼我练舞，从来也没有关心过我，既然这样，你为什么要生我？难道就是为了让我完成你的理想吗？"

　　自从那次之后，这个孩子再也不愿意上舞蹈课了，也不愿意和妈妈交流，成了一个沉默寡言的孩子。这是因为孩子的内心受到了深深的伤害，不仅仅是因为妈妈的话，更是因为她感觉不到母亲的爱，认为母亲只是把她当作实现自己梦想的工具。

　　或许这个孩子的想法并没有什么错，因为这位母亲确实把孩子当成是实现梦想的工具。或许她是爱孩子的，却忽视了孩子的兴趣爱好，更忽略了孩子也是一个独立的人。

　　事实上，每个孩子都是独立的、自由的，他们对自己的未来充满了幻想和憧憬，也有权利为了自己的理想而努力奋斗。作为父母，不能干涉孩子的理想，更不能让孩子承担实现父母理想的重担。这对于孩子是不公平的，更不是真正地爱孩子。

父母们不妨设身处地地想一想，如果你的理想被父母干涉，你会怎么想？如果你的父母强迫你替他们实现理想，你又会怎么想？当你换位思考之后，你就会发现自己的教育方式是多么愚蠢！

让孩子自由地去飞翔，做他们想做的事情吧，实现他们梦想的未来吧！父母们要做的就是为孩子保驾护航！这才是父母对孩子的爱，才是父母应有的行为！

7. 你知道保护自己的隐私，同样也要尊重孩子的隐私

在与孩子的沟通中，隐私是一个不可放过的话题。每个人都有自己的隐私，都想要保护自己的隐私，孩子也是如此。

随着孩子年龄的增长，知识、情感的丰富，想法、思维的成熟，他们的自我意志也逐渐地增强，并且慢慢地有了属于自己的隐私。以前孩子总是无所顾忌地向父母倾诉自己的心事，可现在却逐渐关闭了自己的心扉，开始保护自己的小秘密。

这时，很多父母却没有意识到自己的孩子已经长大了，于是他们便开始窥探孩子的隐私，打探孩子的小秘密。而当孩子提出抗议的时候，他们却"理直气壮"地说："我是孩子的父母，当然有权利知道孩子的秘密！"或是说"我是关心孩子，担心孩子做了不好的事情。"

殊不知这些侵犯孩子隐私的行为，是最令孩子们反感的。

如果父母不能很好地处理这个问题，就会让孩子产生逆反心理，从而导致亲子关系出现裂痕。

　　心蕊有了自己的小房间，也有了自己的小秘密，所以她把自己的秘密都藏在了书桌里。为了避免让妈妈发现这些秘密，她还用一个盒子把它们装了起来。

　　有一天，她放学回到家后，发现自己的书桌好像被动过，于是便问妈妈说："妈妈，你是不是翻了我的书桌？"

　　妈妈说："我就是给你打扫一下，没有动你那些宝贝东西。"

　　心蕊有些生气地说："妈妈，以后我不在家的时候，你不要进我的房间，也不要乱翻我的书桌。"

　　妈妈没想到心蕊反应这么激烈，便生气地说："什么叫乱翻你的东西啊！我是这个家的主人，我哪里不能进啊！再说了，我不是为了给你打扫卫生吗？"

　　心蕊说："这个房间给我住了，就是我的房间了。它是属于我的私密空间，谁也不能乱进。"

　　第二天，妈妈就看到心蕊在房间的门外贴上了几个大字：无人不要乱进，有人请敲门。这一下妈妈可被惹恼了，她推开了心蕊的房门，大声说："你现在长能耐了，还限制我进门了！"

　　心蕊看到突然闯进来的妈妈，生气地说道："不是让你敲门吗？你为什么还闯进来？你就不能尊重我的隐私吗？"说完，她就把妈妈推了出去，狠狠地关上了门。

　　妈妈愣在那里，不知道怎么办了。

很多父母都不懂得尊重孩子的隐私，甚至觉得孩子不应该有隐私。于是，他们就肆无忌惮地闯进孩子的私密世界，一而再、再而三地侵犯孩子的隐私。他们轻则随便进出孩子的房间，不敲门就闯进孩子的房间，或是随意乱翻孩子的书包；重则还会偷看孩子的日记，私拆孩子的信件，偷看孩子的聊天记录，或是监听孩子的电话……

不久前，一家调查机构就公布了这样一组数据：75％的学生把信件、QQ记录、电话当成自己的隐私，70％的学生把秘密埋在心里，65％的孩子选择买一本加锁的日记本来保护自己的隐私。而近40％的中小学生的日记和信件被父母偷看过，甚至有15％的学生还因为隐私被侵犯，和父母产生了实质性的冲突。

由此可见，父母侵犯孩子隐私已经成了一个非常普遍的问题，而这个问题也成了致使亲子关系不和谐的重要因素。

作为父母，不能因为孩子小，或是觉得孩子是自己生的，就不尊重孩子的隐私，把孩子的秘密视为无物。每个人都有保护自己隐私的权利，你会保护自己的隐私，那么为什么就不能尊重孩子的隐私呢？

更何况，给孩子最好的爱不是控制，而是给予孩子自由，让他更好地独立。允许孩子有隐私，孩子才能逐渐成为一个独立的人。你尊重孩子，孩子才能尊重你。

所以，请记住一句话：你越是尊重孩子的隐私，孩子就越尊重你，就越愿意和你沟通，从而建立和谐亲密的亲子关系。

8. 爱屋及乌，对孩子感兴趣的事物表达出你的兴趣

很多父母会有这样的疑问：我尊重孩子的想法，也时常给孩子相应的鼓励和赞赏，但是孩子似乎还是不太愿意与我交流。这是为什么呢？

其实，问题关键在于这些父母并没有做到爱屋及乌，对孩子感兴趣的事情表达出兴趣。

这些父母能够尊重孩子的兴趣，并且让孩子按照自己的兴趣来做事。比如孩子喜欢跳舞，父母就会给孩子报舞蹈班，尽量培养孩子成为专业的舞蹈人才。可很少有父母能够体会孩子的快乐，更没有参与到孩子的兴趣中来。

当孩子要求父母欣赏自己跳舞，或是要求父母和自己一起跳舞的时候，父母或是敷衍地说"你去跳吧，我哪跳得好"，或是毫不在意地说"小孩子的舞蹈，我们大人跳有什么意思。去去去，你自己跳吧，妈妈看着你就好了！"

正因为如此，孩子们才觉得父母不愿意体会和感受自己的快乐，更不愿意分享自己的乐趣，从而逐渐对父母失去了信赖，并且不再愿意和父母交流。

小华的父母平时很关注孩子的生活和学习，也尊重孩子的兴趣爱好，可就是对孩子的兴趣没有太多的耐心。当小华想要和父母分享自己的兴趣时，他们总是表现得有些漫不经心：不是以忙碌为借口推辞，就是对孩子说："你喜欢就好，你自己做喜欢的事情吧！"

小华最近对小动物产生了兴趣，热衷于研究小动物的生活习性。在公园的时候，他喜欢观察蚂蚁，趴在那里看蚂蚁搬家，还时常会扒开蚂蚁洞，看里面是什么样子的。回到家之后，他会兴高采烈地对妈妈说："妈妈，我今天看到几个蚂蚁搬起了一个比它们身体还要大的东西。它们真是太厉害了！"

　　妈妈哪里会对这样的小事感兴趣，于是便随口说："哦，我知道了。你喜欢观察蚂蚁，就多观察观察吧！"

　　听了妈妈的话，小华高兴地说："妈妈，我们明天一起观察吧！"

　　妈妈却急忙说："这是小孩子喜欢做的事情，大人怎么能和你胡闹呢？你明天自己去吧！"小华见此，原本兴奋的情绪立即低落下来。他不明白：这是很有意思的事情，为什么妈妈就不感兴趣呢？难道妈妈不喜欢和我一起？

　　这样的事情发生了几次之后，小华就不愿意和妈妈说那些有趣的事情了。而且随着妈妈拒绝他的次数越来越多，他的好奇心和探索欲也受到了很大的打击。

　　其实，孩子很喜欢把自己感兴趣的事情分享给父母，让父母加入自己的行列。可是，如果父母多次拒绝参与孩子感兴趣的事情，那么，孩子的内心就会产生怀疑，"我的快乐，为什么父母就不懂呢？""难道他们不爱我吗？""父母为什么不愿意分享我的快乐？"

　　久而久之，孩子就会对这些事情失去兴趣，甚至不能再感受其中的快乐。甚至，他们会把内心的快乐、痛苦、兴奋、委屈都埋在心里，不愿意再和父母分享。而等到孩子长大成人之

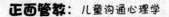

后，父母想要再关注他们的兴趣爱好，想要分享他们的快乐，就没有那么容易了。

因此，如果父母们真正爱孩子，不仅要尊重孩子，关心孩子，更要重视与孩子进行心灵的沟通。要多了解孩子的兴趣爱好，并且对孩子的兴趣爱好表现出强烈的兴趣。只有你做到了爱屋及乌，积极体会并分享孩子的快乐，孩子才会更加愿意对你敞开心扉。

第十章

运用非语言沟通，
为孩子创造温暖的心灵环境

所谓爱孩子，绝对不是简单的物质提供，而是应该给予孩子精神上、情感上、心灵上的关注和支持。事实上，与语言沟通相比，运用非语言沟通更能让孩子感受到父母浓浓的爱意。

当然，非语言沟通包括了陪伴、亲吻、拥抱、抚摸等等。

1. 再忙，也要让孩子感受到你的陪伴

回忆童年，让你感到最快乐的事情是什么？

是无忧无虑地游戏，还是物质丰富的生活？是取得好成绩，还是获得夸奖？

相信，这些都不是你的答案。孩子最快乐的事情，无非是与父母度过快乐时光：或是一起高兴地游戏，或是一家人愉快地春游，抑或是父子两人安静地阅读……

世界上所有的孩子都一样，他们永远都渴望父母的爱和陪伴。而有父母陪伴的生活才是孩子记忆中最美好的回忆。

然而，随着生活节奏的加快，很多父母每天像陀螺一样往返于家与公司之间。他们很难有足够的时间和精力来呵护和陪伴自己的孩子，也很难静下心来和孩子进行良好的沟通。甚至有一些父母迫于工作和生活的压力，不得不把孩子送回老家，交给爷爷奶奶照料。在这样的情况下，父母给予孩子的关爱和陪伴就更少了。

而孩子一旦缺少了父母的陪伴，就很容易产生焦虑、孤独、冷漠等心理隐患。这是因为孩子的情感需求长期得不到满足。所以，作为父母，即便再忙，也应该多陪陪孩子，让孩子感觉到你的爱和关怀。

一位年轻的单亲妈妈由于工作繁忙，根本没有时间来照顾和陪伴女儿。为了能够全身心地工作，她不得不把女儿交给姥姥来照顾。可是，哪有孩子不渴望母爱的？所以，女儿总是缠着她做这做那，希望她能够多陪伴自己一会儿。

一天，这位妈妈晚上8点多才回到家。一开门，女儿高兴地跑过来，对她说："妈妈，你回来了。"

她抱了抱女儿，说："嗯，宝贝，我回来了。你今天乖吗？"

女儿说："我很乖哦。今天妈妈陪我读书好吗？老师说要妈妈陪着我们读书。"

她却抱歉地说："宝贝，今天妈妈实在是太忙了。妈妈吃完饭后，还要加班整理文件，我们以后再读书，好吗？"

女儿生气地说："你每天都这么忙，根本没有时间陪我！我讨厌你！"说完，孩子流着眼泪离开了。

她只能无奈地说："我不是为了给你营造好的生活条件吗？我也不想每天这么忙，这么累啊！"可是，女儿已经听不见了。

之后，这位妈妈依旧忙于工作，每天加班到很晚，周末也很少有时间在家陪孩子。不知过了多久，她突然发现女儿不再缠着自己了，也不要求自己陪她了。当她想要和女儿好好说话的时候，孩子却总是冷漠地应付着……

这时候，她才意识到：因为忙碌，自己把最爱的孩子推得越来越远。而现在，她即便想要补救，也已经太晚了。

对于这位年轻妈妈来说，生活非常不易，不仅离异还要为了生活而奔波。但她更不应该因为忙碌而忽视了女儿，而应该多陪伴孩子，多给予孩子关心和爱护。因为孩子失去了父爱，内心非常脆弱，如果母亲再不多关怀她，那么她就会更加孤独、敏感。

我们说，孩子的成长只有一次，如果缺少了父母的陪伴，那么孩子将无法获得心灵上的满足，并且无法健康快乐地成长。同时，孩子还会产生这样的想法："父母并不爱自己，我就是多余的。"时间长了，孩子的内心就会越来越远离父母，并且形成叛逆的性格。

所以，作为父母，即便再忙，也不能忽略了对孩子的陪伴。那么，应该如何陪伴孩子呢？

1. 不仅身和孩子在一起，心也要和孩子在一起

很多父母陪伴孩子的时候，总是有些心不在焉，或是手里拿着手机，或是想着其他事情，以至于无法高质量地陪伴孩子。

其实，孩子是非常敏感的，父母是不是真心陪伴自己，是不是耐心地和自己沟通，他们完全可以准确地辨别出来。如果你总是身在心不在，那么就会极大地伤害孩子幼小的心灵，使其产生强烈的失落感和被忽视感。

所以，父母要多花时间和心思来陪伴孩子，要认真地倾听孩子说话，并且细心地与孩子谈话。

2. 多关注孩子的心理需求

很多父母虽然舍得花时间陪伴孩子，却总是忽略了孩子的心理需求。因为他们只是单纯的陪伴孩子，没有尝试着走进孩子的内心。

所以他们看不出孩子内心的失落、委屈、失望，更无法体会孩子情绪上的激动、兴奋。而如此低质量的陪伴，只能让孩子感到孤独和失望！

2. 进行亲子游戏，带领孩子在快乐中成长

很多父母不仅不愿意陪伴孩子，更不愿意和孩子做游戏。当孩子要求父母和自己做游戏的时候，他们总是找借口说自己很忙碌，或是觉得和孩子做游戏是很丢面子的事情。结果，这些父母就失去了和孩子一起快乐成长的机会，更让自己与孩子之间的关系越来越疏远。

所以，作为父母，不仅要教育孩子，更要多陪伴孩子，尽可能地创造与孩子沟通的机会，要多与孩子做亲子游戏，带领孩子在快乐的环境中成长。

这才是孩子快乐的源泉，更是促进父母与孩子感情交流的关键。

夏天的爸爸是个严肃的人，还有些大男子主义，即便面对孩子也不例外。他很少和孩子说笑，也不喜欢和孩子做游戏，所以孩子在他面前总是显得有些胆怯。

一个傍晚，爸爸妈妈带着夏天到广场上散步。正好有一家儿童玩具公司正在做宣传，组织家长和孩子们做两人三足的游戏，获胜者可以获得一款新玩具。看着其他小朋友都玩得开

心，夏天也露出了渴望的表情。于是，他对妈妈说："妈妈，我也想要做游戏、赢奖品。"

妈妈说："好啊！让爸爸带你去做游戏吧！"

听妈妈这样说，夏天怯怯地看着爸爸，等待爸爸的回答。开始爸爸还严肃地拒绝了，可耐不住妈妈的劝说，只好答应了孩子。做游戏的时候，夏天和爸爸的脚被绑在一起，开始父子两人都有些别扭，因为彼此都没有这么亲密过。可比赛哨声一响起，两人就忘记了这些，夏天兴奋地大声喊道："爸爸，快些！我们要追上他们！"爸爸也没有了平时的严肃，快乐地奔跑着。最后，夏天和爸爸获得了第一名，当他们冲过终点线后，两人兴奋地抱在一起，欢快地欢呼着。

这气氛也感染了妈妈，她用力地为父子两人鼓掌，并且和他们抱在了一起。回到家，爸爸有所感触地对妈妈说："我以前总是觉得家长就应该严肃些，不能随便和孩子打打闹闹，否则孩子就没了规矩。可后来我发现孩子确实有了规矩，却也逐渐疏远了我。我不知道怎么改变，也不知道怎么做。通过这次的游戏，我才知道，和孩子一起玩耍，其实可以让亲子关系更和谐，让家庭更快乐！"

之后，夏天爸爸在面对孩子的时候，改变了自己严肃的态度。他开始尝试着陪伴孩子，和孩子一起做游戏，一起做运动。慢慢地，夏天也不再怕爸爸了，亲子关系更加亲密起来。

试想，如果夏天的爸爸没有做出改变，那么他和孩子之间的关系肯定越来越疏远。孩子对他或许只有敬畏，而不敢亲近了。

所以，多陪陪孩子做亲子游戏，让孩子在快乐中成长吧！

不要说自己没有时间，实际上，只要你肯用心，就一定能安排好自己的时间；也不要觉得没有面子，事实上，孩子的快乐比你的面子更重要。

与孩子一起游戏，往往是父母与孩子建立良好关系的重要途径。这不仅可以让父母把注意力放在孩子身上，更透彻地了解孩子，与孩子进行良好的沟通，还可以让孩子感受到你的陪伴，体会到你对他们的爱。

3. 亲亲小脸蛋，爸爸妈妈好有爱

看过这样一个小故事：

圣诞节快到了，一位妈妈问自己5岁的儿子："亲爱的，过几天就是圣诞节了，你想要什么礼物？"孩子想了想说："妈妈，我想要槲寄生。"

或许很多父母都不懂得这个故事的含义，可是如果你知道了槲寄生是什么东西，就会明了孩子最渴望的是什么。槲寄生是一种植物，通常可作为圣诞装饰物，它代表的寓意是——亲吻。

没错，孩子渴望的是妈妈的亲吻。亲吻是一种爱的表现，也是一种比较亲密的沟通方式。一个亲吻看似简单，却代表了父母对于孩子的爱。在西方国家，很多父母都非常注重与孩子之间的情感交流。他们会在出门前、回家后给自己的孩子一个甜蜜的亲吻。

然而，我们中国的父母虽然也爱自己的孩子，却很少有这样亲密的举动。绝大部分人认为亲吻这种方式太西方化了，所以，他们会感觉很难为情。而有的人，在孩子小时候会时常亲吻他，一旦孩子稍微大些，他们就不会再做这样的举动了。

可事实上，不管孩子多大，如果父母们能够多多亲吻孩子，就会让孩子感觉到父母浓浓的爱意，会让孩子内心产生更多的安全感和更大的自信心。

所以，父母不妨多亲亲孩子的小脸蛋，如此一来，亲子关系才会变得更加亲密无间。

一个小男孩的妈妈在厨房中做饭，他和妹妹在房间中玩。在玩耍的过程中，男孩看到了书桌上五彩的画板。这漂亮的颜色吸引他拿起了画笔，开始在地板上、墙壁上画起画来。画什么呢？他看着正在玩布娃娃的妹妹，于是心里有了主意：我可以画可爱的妹妹。

等到妈妈过来的时候，就看见整个房间都变得凌乱不堪，墙壁上、地板上画着五彩斑斓的颜色，而男孩子的身上也被涂上了各种颜色。这时候，男孩子拿着画笔，对妈妈露出了大大的微笑，说："妈妈，我画了妹妹，你看多漂亮。"

妈妈走进来一看，墙壁上画着一个小女孩的画像，虽然画得有些凌乱，但是色彩却非常丰富。她深吸了一口气，让自己的情绪平静下来，然后温柔地男孩说："亲爱的宝贝，你画得真漂亮！"说完，她弯下腰来，亲吻了孩子的脸蛋。接着她说："如果这幅画画在画纸上，我觉得会更美丽、更漂亮！"

后来，这个男孩成了出色的画家，他对别人说："妈妈的一个吻，让我成了画家。因为这让我感觉到了妈妈对我的爱，这份爱给了我极大的鼓励。妈妈的吻，也让我成了一个合格的父亲，让我知道：想要让孩子感受到父母的爱，作为父母的就应该多表达自己的感情，多亲亲孩子，多抱抱孩子。现在我每天都拥抱和亲吻我的孩子。所以，我和孩子的关系非常亲密，几乎无话不说。"

每个孩子都渴望父母的亲吻，都渴望父母的爱，所以歌词中会唱道："如果真的爱我，就亲亲我"。作为父母，不能羞于表达自己的感情，而是应该用亲吻来表达自己对孩子的浓浓爱意。

当然，亲吻孩子的部位也是有一定讲究的。比如，亲吻脸颊表示喜欢，父母可以多亲亲孩子的脸颊，让孩子感受爸爸妈妈好有爱；亲吻额头表示鼓励，当孩子遇到困难的时候，或是伤心难过的时候，父母可以多亲亲孩子的额头，让孩子感受到父母的鼓励和支持。

4. 抱抱小宝贝，温暖会加倍

很多时候，爱并不需要用太多语言来表达，只需要一个轻轻的拥抱就足够了。

可是我们前面已经说过了，东方人很少习惯身体间的亲密接触，往往只有在特定情况下才拥抱自己的孩子。所以，我们的孩子比西方孩子得到的拥抱要少得多。而随着年龄的增长，孩子就更少得到父母的拥抱了——妈妈会羞于和儿子拥抱，爸爸也避讳和女儿拥抱。

可事实上，每个孩子都渴望父母的拥抱，即便他已经长大了。因为拥抱本就是人类的天性，尤其是面对自己喜欢的人。

因此，在日常生活中，父母们应该要多抱抱自己的孩子，摸摸孩子的头，拍拍孩子的背，这样的小动作都可以向孩子传递爱的信息。而孩子只有感受到父母的爱和关怀，他们才会用亲密的动作来回报自己的父母，从而促使亲子沟通变得更美好，亲子关系也变得更紧密。

苗苗到了上幼儿园的年龄，新学期一开始，妈妈就把他送到了家门口的幼儿园。可是，面对和妈妈分离的情景，苗苗感到非常焦虑和不安。于是每天早上他都是哭哭啼啼的，拒绝上幼儿园。

妈妈为了安抚孩子的情绪，总是会在孩子进校门前给他一个拥抱，然后对他说："宝贝，我知道你是勇敢的孩子，可以在幼儿园乖乖的。等到下午放学的时候，我会来接你的。"孩子放学时，妈妈一看到苗苗也会给他一个大大的拥抱，并且温柔地对孩子说："宝贝，你今天乖了吗？今天有没有发生有趣的事情啊？"

慢慢地，在妈妈的鼓励和关爱下，苗苗逐渐适应了幼儿园的生活，并且对与妈妈分离没有那么焦虑了。

其实，孩子哭泣是因为过于依赖妈妈而产生的分离焦虑，因为无法适应新环境而导致内心不安、紧张和恐惧。这个时候，父母只有多给予孩子关心、鼓励和支持，孩子才能逐渐变得自立和独立，并且适应新环境、走出内心的焦虑。

苗苗妈妈的做法就非常好，正是因为她总是拥抱孩子，给予孩子鼓励。所以苗苗才感受到了妈妈的爱，并且缓解了紧张不安的情绪，从而慢慢地走出了焦虑和恐惧。

一个简单的拥抱，对于成人来说，或许没有什么大不了的。但是对于孩子来说，尤其是处于不安、紧张情绪下的孩子来说，可以说是最大的关怀和鼓励。

所以，作为父母，应该多拥抱我们的孩子，帮助他们从低落的情绪中走出来。不仅如此，平时父母也应该多给孩子温暖的拥抱，把孩子轻轻地揽入怀中，拍拍背、摸摸肩。因为这不仅可以让孩子感觉到温暖和关怀，还可以满足孩子对爱的渴求。

千万不要觉得拥抱孩子是可有可无的，更不要因为孩子长大了就羞于拥抱孩子。爸爸多抱抱孩子，把他举得高高的，或是让他在脖子上"骑大马"，孩子就会感受到爸爸的强大，更加信任爸爸，更加拥有安全感；而妈妈多抱抱孩子，多给孩子讲讲故事，孩子就会感受到妈妈的温柔，就可以无忧无虑地成长。

5. 慈爱的微笑，孩子的阳光

有时候，父母的一个微笑，就像是孩子内心里的阳光。父母给孩子一个慈爱的微笑，就可以让孩子感受到足够的爱和温暖；给孩子一个甜美的微笑，就可以化解孩子的不良情绪，让孩子更加信任和亲近父母。

所以，父母不要总是板着脸，更不要太严肃地对待孩子，而是应该采取温柔的教育方式，多对孩子微笑，用温暖而又慈爱的笑来鼓励他、安慰他、教育他。相信，这样做可以得到很多美妙的结果。

陈晨妈妈的脸上总是带着微笑，即便孩子犯了错误，她也从来没有对孩子发过脾气，更没有打骂过孩子。

一天，陈晨妈妈炒好了一盘孩子最喜欢吃的西红柿鸡蛋，小心翼翼地放在了餐桌中央。然后她对陈晨说："宝贝，我们要吃饭了。你坐到餐桌旁等着，我盛好了饭，我们就开饭啦！"

听了妈妈的话，陈晨立即坐到饭桌旁。看着喜欢吃的菜，他顿时感觉自己的口水都要掉下来了。于是，他迫不及待地拿起筷子，想要夹一口鸡蛋吃，结果不小心打碎了妈妈放在桌子上的碗。陈晨知道自己犯错了，立即小心地看着妈妈。

这时，妈妈并没有发脾气，反而微笑地说："你不要这么着急，又没有和你抢着吃。"

陈晨说："对不起，妈妈。"

妈妈安慰着他说："不要紧，只要你没伤到自己就好了。我来收拾一下，我们马上就可以吃饭了！不过，你以后不能这样了啊！"说完，妈妈温柔地摸了摸他的头。

妈妈一个简单的微笑，就赢得了陈晨的爱和尊重，更让孩子懂得了知错就改的道理。从那之后，陈晨再也没有犯过类似的错误，而且他平时要比其他孩子乖巧懂事得多。

但是在现实中，像陈晨妈妈这样的父母却少之又少。一旦孩子犯了错，他们就会摆出一副严肃的面孔。更有甚者，即便孩子做出了好的成绩，他们也很少对孩子微笑，以至于亲子间的关系变得越来越疏远，甚至是冷漠。

因此，不管什么时候，父母都不能吝啬对孩子微笑。因为微笑是为孩子创造温暖的关键，更是给孩子带来快乐的关键。如果你不肯对孩子微笑，孩子又如何感受你的爱呢？ 如果你不肯对孩子微笑，孩子又怎么愿意亲近你呢？

正如法国曾经流传的关于一首微笑的诗歌：微笑一下并不费力，但它却产生了无穷的魅力。它转瞬即逝，却往往留下恒久的回忆。它带来家庭之乐，是友谊绝妙的表示。所以，父母们要善于对孩子微笑：

当孩子胆怯时，如果父母能够给予孩子一个微笑，那么孩子就可以感受到父母的鼓励和支持。孩子就会鼓起勇气，勇敢地走下去，并且体会到父母对自己浓浓的爱；

当孩子遇到挫折时，比如不小心摔了一跤，或是遭遇了失败，如果父母能够给予孩子一个微笑，那么孩子就会觉得得到了莫大的支持。这样一来，他们原本低落的情绪就会消失得无影无踪，从而重新恢复阳光积极的心态；

当孩子犯错时，或是做出不良举动时，如果父母能够给予孩子一个微笑，那么孩子不仅可以感受到父母的宽容和善意，还会积极主动地反省自己，并且心甘情愿地改掉错误。

总之，微笑永远都是最具有魅力的。永远不要吝啬对孩子微笑，你的一个微笑，就是最好的风景，可以让孩子感受到爱和温暖，宽容和激励。

6. 轻抚，是对孩子无声的爱

《母爱》杂志社发行人佩吉·奥马拉说："抚摸对婴儿就像食物一样必要。人类学家玛格丽特·米德的研究遍及世界各部落，她发现最凶残的部落就是那些不给婴儿以爱抚的部落。"

每个孩子都渴望别人，尤其是父母的拥抱、抚摸。这就好像是一种生理性需求，是每个孩子生命过程中不可缺少的。如果这种需求长期没有得到满足，就会严重影响孩子的身心健康。

因此，父母们应该多用肢体语言来表达自己的爱意，给予孩子肢体上的爱抚。因为带有爱意的身体接触，尤其是爱抚，对于孩子的身心健康来说至关重要。

如果你不相信，不如看看下面这个故事：

一家孤儿院的院长很喜欢孩子，在这所孤儿院里，孩子们不用到处奔波，不用忍受寒冷和饥饿，并且还能接受好的教育。而且，院长对孩子们也非常关爱，他不仅关心孩子们的生活和健康，还时常带着孩子们一起做游戏。

可是，院长发现很多孩子并不快乐，他们好像患上了一种疾病：每天没有兴趣做游戏，目光呆滞，情绪低落，甚至还出现了食欲不振的情况。

为了让孩子高兴起来，院长请来了医生，可是经过检查之后，医生说这些孩子的身体并没有任何毛病，都非常健康。后来，院长只能向心理医生求助，经过了一段时间的观察和研究，心理医生发现这些孩子患上了"皮肤饥饿"症。因为他们从小就失去了父母，没有得到过父母的拥抱和抚摸，所以他们比一般儿童更渴望父母的关爱、拥抱、抚摸。然而这种强烈的渴望并没有得到充分的满足，所以这些孩子才产生了很严重的心理疾病。

之后院长更加关心这些孩子们了，还时常拥抱、亲吻、抚摸他们，目的是为了让他们感到自己的爱和关怀。除此之外，他还从附近的小学请来了一些十几岁的女孩，与他们一起玩耍。这些女孩活泼可爱，时常把孩子抱起来，亲吻、拥抱、抚摸。就这样，没过多长时间，孤儿院的孩子们也变得快乐起来，而且身体也变得越来越健康。

"皮肤饥饿"是心理学上的一个特殊名词。简单来说，就是小时候很少得到父母拥抱、抚摸的孩子，长大后会形成一种强烈的、潜在的渴望，渴望被爱、被关心、被抚慰。如果孩子的这种渴望得不到满足，那么就会影响其心理健康的发展，甚至会导致一种病态的情感需求。

事实上，抚摸是亲子间一种较好的沟通方式，不仅表达了父母对孩子的爱护和关怀，还可以满足孩子"皮肤饥饿"的心理需求，让孩子享受到父母无声的爱。

比如五六岁的孩子，当他们在闹情绪的时候，你不管说什么，他们都可能听不进去。可是，如果你能抱抱他，轻轻地抚摸他的后背，那么他就会很快安静下来。

再比如十几岁的孩子，他们往往比较害羞，不愿意和大人太亲近。这时候，如果你可以摸摸他的肩膀，轻轻拍拍他的头，那么他就会愿意接受你的心意，更愿意与你亲近了。

所以，父母们不要总是用言语来表达自己的爱意，多多拥抱和抚摸我们的孩子，让孩子感受到我们无声的爱吧！

7. 拍拍孩子的肩膀，鼓舞尽在不言中

一位教育学家曾说过："孩子为什么与父母在一起快乐，不仅仅是因为亲情，同时还有你的每一步，每一句话，你的眼神，甚至你的目光一闪或者一抬手，这一切都会深深地留在他的记忆中，激励着他取得更大的成绩。"

所以，想要成为一个成功的父母，就应该注意为孩子营造温暖的心灵环境，给予孩子心灵上的鼓舞。当孩子紧张时，拍拍孩子的肩膀，或者给他一个拥抱，这样一来，孩子就会受到最大的鼓舞；当孩子情绪低落的时候，拍拍孩子的肩膀，拉拉孩子的手，这样一来，孩子就会感受到父母的关爱，体会到前所未有的温暖。

尤其是孩子紧张不安的时候，如果父母们能够拍拍孩子的肩膀，那么孩子就可以感到最大的温暖和力量，把紧张不安一扫而光，重新振作起来。

振华参加了学校组织的演讲比赛，虽然优秀的选手有很多，可振华还是以出色的成绩冲进了复赛。为了给孩子助威，爸爸妈妈早早就来到了现场，期待看到孩子精彩的表演。

　　还有两个人就轮到振华演讲了，所以老师让他来到舞台旁边等候。爸爸妈妈很容易就找到了候台的振华，却看见孩子的神色有些紧张。爸爸对妈妈说："孩子第一次参加这样的比赛，紧张是在所难免的，我们给孩子加加油、鼓鼓劲吧。"

　　说完，爸爸妈妈就来到了舞台旁边，对孩子说："振华，你准备好了吗？是不是有些紧张啊？"

　　振华不自然地笑笑，说："我把稿子背得很熟了。可是第一次面对那么多听众，我确实感觉有些紧张，害怕自己忘词或是表现不好。"

　　爸爸微笑着说："紧张是正常的，所以你要学会让自己放松下来。现在我告诉你一个秘诀：你不要想舞台下的观众，也没有必要看他们。你可以看舞台最后面的灯，或是其他的地方。这样一来，你的紧张感就会得到缓解。"

　　振华有些怀疑地问："这样做有用吗？"

　　爸爸笑着说："当然有用，很多出色的演讲家就是这样训练的。"

　　振华说："我知道了。"

　　最后，爸爸拍了拍振华的肩膀，然后对他说："我和妈妈都相信你。只要你发挥出平时的水平，就一定能获得不错的成绩。"

　　在爸爸妈妈的鼓舞下，振华走上了舞台。虽然开始的时候，振华还是有些紧张，不过很快他就进入了状态，演讲得很顺利，表现也很不错。很快地，比赛结束了，振华也顺利地进入了决赛。

而在决赛中，他始终记着爸爸的鼓励，忘记了紧张和不安，并且发挥出色，最终拿到了第二名的好成绩。

在领完奖后，振华激动地对父母说："爸爸妈妈，我真的非常谢谢你们。是你们的鼓励给我了力量，让我走到了最后，并且赢得了名次。复赛的时候，我真的非常紧张，不知道怎么面对那么多听众。但是，当爸爸拍着我肩膀、鼓励我的时候，我就变得更有信心了。再加上爸爸给我的秘诀，我很快就战胜了恐惧和紧张。谢谢爸爸妈妈！"

很多时候，无声的鼓舞要比语言的鼓励更让孩子信心百倍。当父母的手轻轻地拍着孩子的肩膀的时候，孩子的内心就会产生一股暖流，让他们不再紧张，并且爆发出自身最大的能量。而这就是爱的力量。

事实上，拍拍孩子的肩膀，不仅表现出父母对孩子的鼓励和肯定，还代表父母愿意放下高姿态，愿意和孩子做朋友，从而让孩子更加信任和尊重父母。

所以，当你想要给予孩子关爱和鼓舞的时候，不妨拍拍孩子的肩膀，用这种方式来表达自己的爱吧。

8. 最时尚的情感沟通——给孩子写爱的微信

很多时候，我们总是羞于表达自己的情感，亲子之间也是如此。于是，很多人眼睁睁地看着自己与孩子的关系越来越疏远，却不知道怎么办；还有很多人明明知道自己冤枉了孩子，却因为碍于情面而不好意思当面道歉，以至于让自己与孩子产生了隔阂。

其实，父母们也不要太过于焦急，虽然不善于或是羞于表达自己的情感，却可以巧妙地利用一些非语言方式来和孩子进行沟通，实现亲子沟通的顺畅和谐。比如说，书信、短信、微信等等。

尤其现在微信非常流行，大部分孩子也拥有自己的微信号。父母们可以把一些不便用口头表达的情感，或是感谢、或是歉意、或是安慰、或是劝导等等，通过发微信的方式传递给孩子。这样一来，不仅避免了面对面的尴尬，能清晰地表达自己内心的想法，还可以保护孩子的隐私和自尊心，不会让孩子产生排斥心理。

那么，为什么不尝试用这一时尚的情感沟通方式来和自己的孩子沟通呢？为什么不能用它来表示自己对孩子的爱意呢？

一天，慕枫一回到家就坐在沙发上，情绪有些低落。妈妈并没有发现孩子的异常，看到孩子好半天都没有动一下，就以为孩子正在玩手机。于是她生气地说："你不好好写作业，就知道玩手机！还不快点去写作业！"

慕枫本来就不开心，听了妈妈的话就更不高兴了！他大声地对妈妈说："我根本没有在玩手机！你整天就知道催我写作业，什么时候关心过我？我今天不高兴，坐在这里半个小时，你有关心过我吗？没有！你都不关注我！怎么知道我不高兴呢！"

整整一个晚上，慕枫一句话也没有说，也不理妈妈。妈妈想要向孩子道歉，却不知道怎么开口。可是妈妈知道，自己必须要尽快和孩子好好地沟通，否则亲子之间的关系就会出现问题。

正在这时，慕枫妈妈的微信响起了，是同事向她询问一些事情。回答完同事的问题之后，妈妈看着慕枫的微信头像，不禁想：为什么我不给孩子发一条微信呢？

于是，她给孩子发了一条长微信：

儿子：

妈妈现在给你道歉。今天我没有发现你情绪低落，还误会你玩手机。妈妈在这里真诚地请求你的原谅！

平时我们总是只关心你的学习，催促你写作业，但是这并不代表我们不关心你。你要相信，爸爸妈妈是爱你的，也是关心你的。只是我们可能用错了方式，没有好好地和你沟通。所以，你才会觉得我们不关心你。相信妈妈，我以后一定多了解你，多和你谈心。

你能原谅妈妈吗？

过了一会儿，慕枫就给妈妈回了微信，他说道：

妈妈，对不起。今天我也有不对的地方，我不应该向你发脾气。我也知道你们关心我，可是我们的沟通好像太少了。

看了儿子的回信，慕枫妈妈觉得孩子向自己敞开心扉了，于是她接着说：

孩子，妈妈会改正这一点。现在，你愿意说说自己为什么不高兴吗？为什么情绪这么低落吗？

……

就这样，随着微信的一来一往，慕枫母子进行了深入地交流，彼此之间的隔阂也消除了。之后，慕枫妈妈时常会关注慕枫的朋友圈和动态，关注孩子的情绪变化，也时常在微信上和孩子聊天。就这样，母子两人通过微信建立了良好的沟通，不仅在线上频繁互动，在线下的关系也变得越来越亲密。

可以说，微信是亲子沟通最时尚的方式，也应该成为亲子沟通的重要方式。因为它不仅能够缓解亲子之间的矛盾，让彼此心平气和地表达自己的想法，还能够让亲子沟通变得越来越和谐。

更重要的是，这种方式可能比语言更能打动孩子的心。因为这不仅可以让孩子体会到父母最真实的想法，还可以让孩子感觉到父母对自己的尊重，感觉自己与父母是一种朋友间的交流和互动。